AF611485

à la Bibliothèque Nationale hommage de l'auteur

Ch. de Joyleart

TIRÉ A 36 EXEMPLAIRES

N° 19.

NOTICE GÉNÉALOGIQUE

SUR LA

FAMILLE DE JOYBERT

DON.
N° 99510

ET

SES ALLIANCES

Imprimé à Laon.

MDCCCC.

AVANT-PROPOS

La famille DE JOYBERT, en latin : Josbertus (Breve de Acmanto, de pago Senonico ; Polyptyque de l'abbaye de Saint-Germain des Prés, rédigé du temps de l'abbé Irminon ; publié par Auguste Longnon ; Chap. XIV [bis]) ; puis : Joibertus (Feodorum Campanie Rotuli ab anno MCCXLIX, ad annum MCCLII, publiés par Auguste Longnon ; Nos 80, 452, 656, 1115), au sujet de laquelle ces recherches ont été faites, est sans contredit, l'une des meilleures et des plus anciennes de la province de Champagne, où elle a toujours résidé, et où elle a contracté toutes ses alliances ; puisque fixée à Châlons dès le XVe siècle, elle est toujours restée dans la région, et que de nos jours jusqu'au commencement du XIVe siècle, sa filiation est relevée et établie par dix-sept générations.

De renseignements puisés à diverses sources autorisées : (Histoire des Ducs et Comtes de Champagne, par d'ARBOIS DE JUBAINVILLE ; Rôles des fiefs du Comté de Champagne et de Brie, par AUGUSTE LONGNON ; Usage général des fiefs par BRUSSEL ; etc.) on peut néanmoins faire légitimement remonter son origine connue, jusques à la fin du XIe siècle (1), et admettre aussi, qu'elle fut représentée aux Croisades, (la 2e en 1145, et la 3e en 1179). La présence d'ailleurs d'un croissant de gueules, parmi les pièces qui composent ses armoiries, peut-être admise comme un indice sérieux du bien fondé de cette assertion : car, il est notoire que les gentils-hommes qui allaient en Terre Sainte, avaient pour habitude fréquente, d'introduire dans leur blason des pièces, telles que besans, coquilles, croissants, etc... ; qui en y figurant, restaient ainsi pour leurs descendants, comme un témoignage irrécusable de leur foi et vaillance (*).

Bien que les membres de cette famille, aient possédé de nombreux fiefs (2), bien qu'ils aient été investis de fonctions élevées (3) à la Cour des Comtes de Champagne, et même, qu'on voie d'abord dès 1170,

---

(1) Voir pièces justificatives, p. 64.

(2) Livre des vassaux du Comté de Champagne et de Brie, par Aug. Longnon, p. 290-293 : et Rôles des fiefs, par le même.

(3) Voir pièces justificatives, p. 64-65.

(*) Voir à ce sujet : Le Nobiliaire de Picardie, par Haudicquer de Blancourt, p. 281.

leur nom figurer parmi ceux des témoins que prenaient les Comtes, lors de l'octroi de Chartes (1), et ensuite, qu'on trouve JOSBERT DE LIGNOL, au nombre de ceux des Barons choisis pour faire partie du nouveau conseil d'Henri Ier, (d'A. d. J ; T, 4 ; p. 567.68) sans oublier non plus, que entre 1249 et 1252, JOIBERT bailli de Troyes (à ce moment décédé), est dans des chartes, ainsi que d'autres JOIBERT détenteurs de fiefs, qualifié de ; « dominus », ce qui montre le rang qu'à cette époque déjà, ils occupaient dans la hiérarchie contemporaine, la date exacte de leur noblesse ne nous est point apparue.

Plus tard, si on voit bien d'une part il est vrai, FRANÇOIS JOIBERT être reconnu noble de franc-fief, contradictoirement avec le procureur du Roy de Vitry en 1465, on trouve d'une autre dans les annales de Champagne, que dès l'an 1309, Chapelain JOIBERT, avait à soutenir par devant Mgr D'ARCIS châtelain de Vitry, un procès en retrait lignager, à cause de sa terre de Saint-Mard-sur-le-Mont ; et que Simon son petit-fils, était échanson du Roy en 1430, (Pierres tombales, p. 87). On peut donc à bon droit, la considérer comme étant de chevalerie.

Famille exclusivement d'épée, quelques-uns de ses membres sont cependant entrés dans les ordres, (voir plus loin, p. 2, 4, 59 ; et Vaverai ; art. Haussignémont, p. 20) et quelques filles ont embrassé la vie religieuse ; mais aucun d'eux, n'a suivi de carrière autre que celle des armes. Fidèles à leurs origines anciennes et aux traditions de leurs ancêtres, ceux des JOIBERT qui ont servi, ont toujours mis leur épée au service de la France et de la monarchie, et leur fidélité ne s'est jamais démentie, même aux plus mauvais jours de la Révolution. Bons gentilshommes de province, vivant là où avaient vécu leurs aïeux, ils n'allaient pas briguer les faveurs de la Cour, et ils se contentèrent des grades dont les honora la confiance des rois. La manière dont s'est écrit son nom, a subi au cours des âges bien des modifications ; et a parfois même, été méconnaissable : (Josbert, Jeubert, Joësbert, etc...) ; mais si un doute reposant sur la dissemblance et l'orthographe de ces noms variés, était conçu sur l'exactitude de ce qui est avancé plus haut, il suffirait alors, de se reporter aux ouvrages si documentés de MM. D'ARBOIS DE JUBAINVILLE, LONGNON, etc... déjà signalés ; pour être convaincu que cette objection n'a pas à être prise en considération.* Jusqu'à la fin du XVIIIe siècle, on trouve le nom indifféremment

(1) Voir pièces justificatives, p 64, 65, 66.

* Voir pièces justificatives : page 98 verso.

orthographié dans les actes : JOYBERT ou JOIBERT ; aujourd'hui, c'est la première de ces deux manières qui a prévalu, et est seule employée, après l'avoir été dès le XVe siècle.

Les armoiries de la famille DE JOYBERT, sont ainsi décrites dans les preuves produites en avril 1668, par-devant Mgr de Caumartin, intendant en Champagne : « d'argent, au chevron d'azur surmonté d'un croissant de gueules, et accompagné de trois roses du même, 2 en chef une en pointe. Le Père MENESTRIER dans son traité du blason, et d'HOZIER dans son armorial général, (armorial général colorié. Vol. Champagne ; folios 90, 321, 377, 491) les mentionnent également conformes à cette description ; cependant chose singulière, malgré l'énoncé qu'on vient de lire, et qui figure sur la feuille revêtue de la signature de Mgr de Caumartin, le dessin colorié qui figure en tête de cette même feuille, porte ces roses : tigées et feuillées de sinople, ce qui devait être conforme à la réalité, puisque les cachets ou écussons et objets armoriés datant de cette époque, ou même antérieurs, qui sont venus jusqu'à nous, les portent bien telles. Si malgré cela, un doute était encore conservé à cet égard, il ne pourrait subsister, en présence d'abord, du certificat de la noblesse requise pour l'admission aux pages, de S. A. R. Mgr le Duc d'Orléans, premier Prince du sang, établi en 1773 pour Frédéric DE JOIBERT (p. 31), par M. de la Cour, généalogiste du Roy, qui indique bien que les roses sont tigées et feuillées ; et ensuite, du portrait peint en 1597, de Louise DE JOIBERT qui épousa Noël JACOBÉ (v. p. 50) : les roses y sont en effet représentées tigées et feuillées, mais au lieu de l'être de sinople, elles le sont de gueules, ce qui devait constituer la brisure de la branche dite : de Pringy ; de même que quand Pierre DE JOIBERT venant d'Acadie (v. p. 58) et se trouvant à Paris, fit enregistrer ses armes par D'HOZIER, (armorial général mnst. de la Bibliot. Nat., T. II., p. 193), celui-ci mentionna bien les roses tigées et feuillées de sinople ; — ce qui était se mettre en désaccord avec lui-même, voir plus haut — mais indiquait le croissant, comme devant être d'azur, ce qui constituait une autre brisure ; (celle de la branche de Coullemiers probablement).

Dans le travail qui va suivre, les premiers degrés de filiation n'ont pu être établis que d'après deux documents : l'un le plus probant, est la généalogie produite en 1668, par-devant Mgr de Caumartin, qui fait remonter avec preuves les Joibert, jusqu'à : « François JOIBERT » mari de D^lle LE CERF, en mentionnant toutefois deux générations antérieures à celle de François, mais qu'on ne peut rattacher par un lien ininterrompu, à celle du même nom dont parlent D'ARBOIS DE JUBAINVILLE, dans son histoire des Ducs et Comtes de Champagne, et LONGNON dans le Livre des Vassaux du Comté de Champagne et de Brie, et le Rôle des fiefs de 1249 à 1252 ; ou encore le Journal DE VAVERAI : l'Election de Vitry ; faute de documents justificatifs, car, entre 1254 (Vaverai, p. 220) et 1309, année où apparaît le nom de Chapelain JOIBERT, (Annales de Champagne) existe une lacune de 40 à 50 ans où on ne trouve même pas le nom prononcé : l'autre, généalogie datant du XVIIIe siècle appartient à Mme Louis JACOBÉ DE GONCOUR, qui a bien voulu y laisser puiser les renseignements cherchés ; elle recule encore d'un degré, la filiation des JOIBERT, et fait mention d'une branche éteinte, (celle de Pringy ; v. p. 48) dont Mgr de Caumartin n'avait pas parlé, n'ayant pas à en tenir compte, puisque elle n'existait plus au moment de sa recherche. Quoique établie sans pièces justificatives, elle a néanmoins été fort bien faite, car toutes les recherches exécutées ont coïncidé avec ses affirmations : celle enfin dressée en 1773, par M. DE LA COUR, généalogiste du Roy, et dont il a été parlé plus haut, a également apporté un contingent fort utile ; et grâce à ces documents, à l'ouvrage sur les Pierres tombales de Châlons, par MM. DE BARTHÉLEMY ; ainsi qu'à l'histoire ou à l'Armorial de la même ville, par les mêmes auteurs, et aux états-civils qui ont été consultés, ce travail a pu être mené à bonne fin, sans toutefois cependant, qu'on aie pu rattacher avec une certitude absolue, aux ascendants de ceux des JOYBERT existant encore aujourd'hui, les membres de la famille du même nom, dont parle D'ARBOIS DE JUBAINVILLE, et qu'on voit aussi figurer dans le Livre des Vassaux du Comté de Champagne et de Brie, et dans le Rôle des fiefs de 1249 à 1252, par Longnon ; et une présomption morale très grande, subsiste seule à cet égard.

De 1254 à 1300 en effet, ainsi qu'on l'a pu voir tout à l'heure, existe une lacune au cours de laquelle, on ne voit nulle part figurer le nom, comme aux époques antérieures, car, ni aux Archives nationales, ni même ce qui est plus surprenant, dans les Archives départementales de la Marne, où l'on pouvait espérer trouver de nombreux documents, (les Joybert depuis la fin du XIIIe siècle, ayant toujours vécu entre Châlons, Sainte-Menehould et Vitry) ; on ne trouve cependant rien qui les concerne. Malgré cela, et grâce aux origines des documents mentionnés plus haut, l'historique de la famille DE JOYBERT a pu être reconstitué à grands traits, il est vrai, dans ses principales lignes, mais du moins avec certitude et précision, pendant une période de 600 ans, et, puisque Dieu lui a fait la grâce de se perpétuer jusqu'à nos jours, il accordera espérons-le, à ceux qui seront appelés à continuer son nom, celle de le porter dignement d'abord, et ensuite, d'apprendre à leurs descendants, à puiser dans le passé de leur famille, l'exemple du culte de l'honneur, de la droiture et de la loyauté.

Abréviations. **Les ouvrages cités à consulter comme origine de documents, sont ainsi désignés :**

1° Histoire des Ducs et Comtes de Champagne, par d'Arbois de Jubainville	d'A. de J.
2° Livre des Vassaux du Comté de Champagne et de Brie de 1172 à 1222	d'A. de J. VII.
3° Rôles des Fiefs du Comté de Champagne et de Brie de 1249 à 1252	Lgn.
4° L'Election de Vitry-le-François, par J. L. Nicolas de Vaverai, président de cette Election	Vaverai.
5° Armorial de la Ville de Châlons-sur-Marne, par Ed. de Barthélemy	Armorial.
6° Recueil des Pierres tombales des Églises et Couvents de Châlons, par An. et Ed. de Barthélemy	Pierres tombales
7° Recherche de la Noblesse de Champagne en 1668, par Mgr de Caumartin	Caumartin.
8° Généalogie établie en 1773, par M. de la Cour, généalogiste du Roy	Pr. de 1773.
9° Inventaire pour servir de faits de Généalogie, transcrit aux Pièces justificatives ; p. 74 v° 78	Invre de 1657.

Outre les ouvrages cités ci-dessus, et qui ont fourni d'utiles renseignements, les recherches sur le même sujet, si consciencieusement faites par M. le Baron de DUMAST, et dont il a bien voulu donner communication, ont également apporté un précieux concours. Les emprunts qui y ont été faits, seront ainsi spécifiés : « de Dumast ».

BIBLIOTHÈQUE NATIONALE R.F. IMPRIMÉS

A.

A. — I.

I. Chapelain JOIBERT, le premier sur lequel des renseignements précis aient été trouvés, vivait avant l'an 1300, puisqu'on lit dans les Annales de Champagne, qu'il eut à soutenir en 1309, par-devant Mgr D'ARCIS, châtelain de Vitry, un procès en retrait lignager à cause de la terre de Saint-Mard-sur-le-Mont (1), contre Me JEAN LE BERGOIN, procès au jugement duquel étaient présents : MMes Guillaume DE NOYÈRES, Henri DE FONTOISE, Jean DE COLAS-VERDEY et autres. Le fait et l'origine de ce différend, se trouvent également indiqués dans une généalogie sommaire, faisant partie des papiers de feu le colonel Vicomte DE JOYBERT et mentionnant également la source de ce renseignement.

On ne sait rien de plus sur ce premier degré, dont parle aussi la généalogie du XVIIIe siècle, mais d'après la précision des termes dans lesquels est conçue cette déclaration, on peut admettre son authenticité ; elle a dû être empruntée à un vieux parchemin constatant ce procès, et donnerait comme résidence aux Joybert, et cela pendant quatre générations, la terre de Saint-Mard-sur-le-Mont. (Ce qui coïncide avec l'enquête de 1464, dont il sera parlé tout à l'heure ; p. 3). Chapelain JOYBERT devait vraisemblablement, être le proche parent de la personne du même nom, qui occupait la cure d'Haussignémont (2), en 1254. (Vaverai ; p. 220).

II.

II. Chapelain JOYBERT dont l'alliance est restée ignorée, eut du moins cependant un fils, dont le nom n'a pu être découvert pas plus que l'alliance qu'il contracta, et de laquelle étaient nés 5 fils, ainsi que nous l'apprend une enquête que fit faire en 1464, François JOYBERT son arrière petit-fils, pour établir l'authenticité de sa noblesse, tant du côté paternel que du maternel. (Voir pièces justificatives ; p. 67).

Il ressort en effet des termes de cette enquête, que : « Simon JOYBERT dit de Saint-Mard-sur-le-Mont, Escuïer, et qui épousa Dlle Marye OGIER (père et mère du dit François) avait quatre frères germains prebtres, sçavoir, Messire

---

(1) Saint-Mard-sur-le-Mont, arrondissement de Sainte-Menehould (Marne).

(2) Haussignémont, arrondissement de Vitry-le-François (Marne).

Nicolas JOYBERT, messire Jacques, dont Jehan et frère Guillaume JOYBERT. » (Pièces justificatives ; p. 73 v°).

Au nombre des témoins qui furent appelés à déposer au cours de cette enquête, figure : un Thomas SEBERT dict le doux, aagé alors (1464) de 55 ans ou environ. Comme ce Thomas SEBERT était fils de Simon SEBERT et de D^lle^ Marion OGIER LE GOURLAT, sœur germaine de François OGIER LE GOURLAT, vivant eschanson du Roy, dont la fille Marye épousa Simon JOYBERT (père dudit François Joybert) il se trouvait ainsi, être le cousin germain de Marye OGIER, ainsi d'ailleurs qu'il le déclare lui-même, plusieurs fois, au cours de sa déposition ; de la teneur de laquelle il résulte encore ceci, dont on trouve du reste la confirmation, dans un inventaire établi en 1657, (voir aux pièces justificatives ; p. 73) c'est que, par suite d'une erreur inexplicable (1) commise lors des recherches successives, ledit Thomas était non pas Thomas JOYBERT, mais en réalité Thomas SEBERT dict le doux, fils de Simon SEBERT et de Marion OGIER, sœur germaine de François OGIER, père de Marye qui devint femme de Simon JOYBERT. D'autre part, comme le dit Thomas SEBERT dict le doux, qui déposa dans l'enquête de 1464, (voir p. 68 v°), avait au moment de sa déposition 55 ans ou environ, (ce qui le fait naître de 1408 à 1410), il se trouvait ainsi être le contemporain de *** JOYBERT, père de ces cinq fils dont l'un Simon épousa Marye OGIER sa cousine germaine (à lui Thomas SEBERT).

Malgré la confusion résultant du décousu et de l'obscurité de ces documents, dont les allégations non seulement diffèrent, mais parfois se contredisent, il en ressort cependant et il reste établi, que Simon JOYBERT et ses quatre frères, étaient selon toute vraisemblance les petits-fils de Chapelain, et la noblesse de leur origine se trouve ainsi démontrée.

III.

III. Simon JOYBERT dit de Saint-Mard-sur-le-Mont, escuier, fut d'après une vieille note manuscrite trouvée dans les papiers de feu le colonel Vicomte de Joybert, investi des fonctions d'Echanson du Roy, et on trouve confirmation de cette assertion, dans l'ouvrage de M. DE BARTHÉLEMY, (Pierres tombales, p. 231), qui nous apprend en même temps, que c'est en 1430 qu'il aurait exercé

(1) Une note qui figure au bas de l'Enquête indique : « Que cette pièce a été trouvée par hasard, (sans préciser à quelle époque), et cette circonstance peut expliquer la confusion qui a été faite, et dont le résultat s'est transmis successivement, d'autant mieux encore, que Simon Sebert avait épousé lui aussi D^lle^ Marion Ogier le Gourlat, et que Simon Joybert ayant épousé Marye Ogier nièce de Simon Sebert et de Marion Ogier. La similitude des noms aura favorisé l'erreur faite.

OGIER, porte : « de .... à la Croix d'Argent », d'après l'enquête de 1464 qui en parlant de François Ogier dit que : « son page armé portait une lance en laquelle avait ung grant padnonceau auquel il y avait une croix blanche... »

La Famille Ogier dite aussi : LE GOURLAT était assurément une des plus considérables de la région à cette époque, comme on en peut juger d'après les termes dans lesquels s'exprime à son égard l'enquête de 1464 (voir p. 67) où on voit d'après deux des dépositions qui la constituent, que François Ogier père de Marye, était : « échancon du Roy nostre Sire ». (Pièces justificatives ; p. 67 v°).

cette charge, où il aurait alors c'est à croire, succédé à François OGIER son beau-père. Ainsi qu'on l'a vu plus haut, il avait quatre frères prêtres, et lui-même si on s'en rapporte à l'enquête de 1464, aurait un moment suivi la carrière ecclésiastique, puisqu'il est dit au cours d'une des dépositions : « que ledit Simon portait tonsure de clerc. » (Voir p. 69, 70, 72 v°).

Il avait épousé damoiselle Marye OGIER, fille de messire François OGIER dit LE GOURLAT, seigneur de Herpont (1) et de D[lle] Laurence DE BRAUX « en son vivant noble et gentille femme », (Enquête de 1464 ; v. p. 72 v°) ; et il en eut quatre enfants : François JOYBERT qui suit, Jacquemin JOYBERT descédé sans hoirs, Marion et Margueritte frères et sœurs germains. (Ibid. p. 69).

IV.

IV. Messire François JOYBERT, seigneur de Soulanges et autres fiefs sis au bailliage de Vitry, fit procéder le 7 décembre 1464, à la suite de la saisie qu'avait pratiquée sur lui le procureur du Roy d'un fief sis à Cheppes (2), à une enquête qui lui permit de justifier de sa noblesse, tant du côté paternel que du maternel ; et à la suite de cette enquête, intervint le 4 décembre 1465 : « une sentence signée sur le reply : Lartilleux, et scellée en cire rouge, rendue à son profit par le bailly de Vitry ou son lieutenant, par laquelle contradictoirement avec le procureur du Roy demandeur en saisie, il est dit : « qu'à bonne et iuste cause il s'est opposé, et luy est permis de tenir fief, et iouyr des privilèges de noblesse, comme en aïant suffisamment fait preuve, et en conséquence, main-levée a lui donnée de ladite saisie. » Cette enquête et la sentence à laquelle elle donna lieu, sont les deux pièces les plus reculées comme date, qui soient venues jusqu'à nous, et la sentence est le plus ancien titre qui aie pu être produit, lors de la Recherche de Mgr DE CAUMARTIN en 1668.

D'après une des dépositions qui furent faites au cours de l'Enquête : « Messire François JOYBERT naquit dans la ville de Marson (3), distant de la ville de Herpont, de trois lieues ou environ, et il y aurait passé une grande partye de sa jeunesse, au cours de laquelle il aurait accompagné plusieurs seigneurs du païs de Champagne, et poursuy avec la Cour du Roy à plusieurs guerres et armées ». Il résidait à Châlons, où en 1471, il remplissait les fonctions de procureur de ville (Pierres tombales ; p. 88) et, il fut conioint par mariage avec damoiselle Caterine LE CERF, fille de Messire LE CERF, écuyer, Seigneur

---

(1) Herpont, arrondissement de Sainte-Menehould (Marne).

(2) Cheppes, arrondissement de Châlons-sur-Marne (Marne).

(3) Marson, arrondissement de Châlons-sur-Marne (Marne).

LE CERF : « d'azur, au chevron d'or accompagné de 3 étoiles du même, 2 en chef et 1 en pointe ».

La famille LE CERF ou LE SERF, (Armorial, p. 20) originaire de Champagne, qui fit les preuves de sa noblesse, par-devant Mgr DE CAUMARTIN, au mois de février 1669, remonte au XVe siècle, époque à laquelle GÉRARD LE CERF, écuïer, seigneur de la terre des Chevaliers et de Prosne en partie, fit acte de foy et hommage pour les dites terres ; et en 1469, Jean LE CERF était gouverneur municipal de Châlons. Cette famille qui possédait les seigneuries de Cramant, Athys et Prosnes ; fut maintenue par Mgr de Caumartin, et s'éteignit peu après, dès le XVIIe siècle. (Armorial ; loc. cit : Pierres tombales ; p. 82 : et Histoire de Châlons-sur-Marne par ED. DE BARTHÉLEMY, p. 460).

Si on s'en rapporte à une des dépositions de l'enquête de 1464, (celle de Thomas VUALON ; p. 72) Caterine LE CERF était déjà veuve, lorsqu'elle épousa François JOYBERT.

BALHAN ou BALEHAN : «

Aucun renseignement n'a pu être trouvé sur cette famille, sinon qu'elle était originaire de Château-Thierry, dans la juridiction duquel étaient situés les fiefs qu'elle possédait.

de Prosnes (1), dont il eut deux enfants : Guillaume, frère prieur et chambrier en l'église de Saint-Pierre-au-Mont (2), et Jean qui suivra la descendance. (Inventaire de 1657 ; p. 73 v°).

Il mourut à Châlons le 7 juin 1503, et y fut enterré dans l'église Notre-Dame (Pierres tombales : n° 176 ; p. 87), où figurait sur sa tombe l'épitaphe suivante : « Cy gist noble hôme Mallet COLLEBAULT, bourgeois de Châlons, Girardine jadis femme de noble homme François JOYBERT, et le dict François qui trespassérent savoir ledict Malet au mois de may MCCCCLXVIII et ladite Girardine le 3e jour de décembre MCCCCLXXX : et ledict François le 7e jour de juin MDIII. Priez Dieu pour eux. — Gist le corps de Jean JOYBERT, vivant escuier, seigneur de Soulanges, en son vivant l'un des eschevins de Chaalons, fils dudict François JOYBERT, qui décéda le XIIIe jour d'aoust 1556. Priez Dieu pour son âme ».

On peut donc très-vraisemblablement admettre, d'après la teneur de cette épitaphe, que François JOYBERT devenu veuf de Catherine LE CERF, dont il avait eu deux fils comme il vient d'être dit, aurait épousé en secondes noces Girardine COLLEBAULT dont il n'eut pas de postérité, à côté de laquelle il aurait été inhumé, lors de son décès survenu en 1503, puis, que son fils Jean ayant exercé les fonctions de gouverneur municipal de Châlons en 1534 et 1535, y aurait été lui-même enterré après sa mort, en 1556.

V.

V. Jehan DE JOYBERT (Ier du nom), Ecuyer, Seigneur de Soulanges (3), naquit à une date qui n'a pu être retrouvée ; il épousa en premières noces, damoiselle Marguerite DE BALHAN ou BALEHAN, fille de Messire DE BALHAN Seigneur de la Grand'Court et de Verneuil (4), dont il eut un fils : Jaques (VI) qui va suivre. — Marguerite DE BALHAN était décédée, dans les premiers mois de 1531 sans doute, puisque le 15 novembre de cette même année, il était établi par-devant Jean Trutat et Jehan Lenette, notaires roïaux en la prévosté de Chasteau-Tierri un acte, constatant qu'à cette date « noble homme Jean JOBERT seigneur de Soulanges, avait été créé et ordonné par justice, tuteur et curateur aux corps et biens de Jacques JOBERT fils mineur d'ans de luy et de deffuncte Dlle Marguerite DE BALHAN, sa femme..... » ; il épousa en secondes noces, à une date restée également ignorée, Damoiselle Nicolle

(1) Prosnes, arrondissement de Reims (Marne).

(2) Saint-Pierre-au-Mont, abbaye de l'ordre de Saint-Benoit, fondée à Chaalons en 1028 par Roger Ier.

(3) Soulanges, canton et arrondissement de Vitry-le-François (Marne).

(4) Verneuil, fief dont dépendait celui de la Grand'Court. Aujourd'hui, Verneuil sur Marne, arrondissement d'Epernay (Marne).

BISSET ou BIZET : « d'azur, au saultoir d'or cantonné de 4 bisses ou bizets du même ».

Nicolle BISSET ou BIZET, la seconde femme de Jean DE JOYBERT, était un des huit enfants de Nicolas BIZET et de Jaquette BERTHIER, bourgeois de Troyes, dont la noblesse fut prouvée par leurs enfants, qui obtinrent en chancellerie roïale le 8 novembre 1548, (v. s. t.) des lettres contre le procureur du Roy au bailliage, lequel la leur contestait. (Les Marisy, par Alph. Roserot, archiviste de l'Aube : Document nº 8 ; p. 39).

Les armoiries des BIZET, ainsi qu'elles sont peintes dans la généalogie manuscrite de HENNEQUIN, (Biblioth. de Troyes ; mnst 2601 ; folios 111 à 113) et qu'on les trouve aussi, dans le Recueil de la Commission des Arts et documents historiques de la Charente-Inférieure, par l'abbé Gravilier (T. III ; p. 225 ; et planche II ; p. 16) ; sont d'azur, au saultoir d'or cantonné de 4 bisses ou bizets du même.

D'après le mnst. 2601 de la Biblioth. de l'Aube, cité plus haut, l'évêque de Saintes à cette époque était ainsi désigné : « frère de Nicolle BIZET, femme de Jean JOBERT, seigneur de Soulanges, demeurant à Chaalons ; tous deux enfants de Nicolas BIZET et de Jacquette BERTHIER », l'évêque de Saintes frère de Mme DE JOYBERT, portait dans ses armes le sautoir : engreslé, comme brisure probablement. Ils avaient parmi leurs autres frères et sœurs : Guillaume BIZET, qui demeurait aussi à Châlons, où il avait épousé Perrette LE GOIX, dont il eut plusieurs enfants, parmi lesquels une fille : Jacquette BIZET, qui épousa Remy CAUCHON dont le frère Guillaume, fut grand'père d'Appolline CAUCHON, seconde femme en 1577 de Jean DE JOIBERT, petit-fils de celui qui avait épousé Nicolle (de Dumast).

LAURENT : Sans renseignements.

BISSET ou BIZET, dont il laissa quatre enfants : François, seigneur de Soulanges pour partie, Perrette mariée à Nicolas CUISSOTTE, Remy mort ecclésiastique après avoir été chapelain de la Chapelle du Château d'Aulnay, quand son frère Jacques en fut propriétaire (après 1538), en suite de la résignation de cette charge, qu'avait faite en sa faveur son frère aîné François, qui en était titulaire ; et Marguerite dont il sera parlé plus loin (p. 48), à l'article de la branche dite : DE PRINGY, dont son frère aîné François fut la souche, bien que l'inventaire de 1657 (v. p. 73 v°) l'indique, comme : « descédé sans hoirs ».

La généalogie de 1668 ne mentionne pas la seconde alliance de Jean DE JOYBERT avec Nicole BIZET, leur descendance du nom étant alors éteinte, mais elle n'en est pas moins certaine, l'inventaire de 1657 et la généalogie que possédait feu le colonel Vicomte DE JOYBERT, étant très-explicites à cet égard, et en parlant dans des termes qui ne permettent pas de conserver le moindre doute à ce sujet. Aucun document n'a pu être retrouvé, concernant ces deux femmes de Jean DE JOYBERT, qui dut même après la mort de Nicole BIZET, survenue en 15.. contracter un troisième mariage ; car, d'après une note trouvée à la Biblioth. Nat. (Dossiers bleus de d'Hozier ; vol. 369 ; Champagne) ; il aurait épousé le 6 septembre 1551, D^lle^ Jeanne LAURENT, V^e^ de feu noble homme Nicolas GOURLIER. (Châlons-sur-Marne ; Étude Écoutin, (Archives : C^on^ I ; Liasse A.).

Jehan JOYBERT avait entre autres fiefs celui de Soulanges, dont ses descendants furent seigneurs pour le tout ou pour partie, jusqu'au milieu du XVIIIe siècle. Il fut également en 1534 et 1535, gouverneur municipal de Châlons où il résidait : « Conestablie fabur. — Grant Rue », (Armorial ; p. 17) et où en 1521 : « d'après le roolle de la taxe des grains ordonnée être mis en réserve à Chaalons, par haut et puissant Seigneur Mgr le Comte DE DREUX et DE RETHEL, Lieutenant-Général et Gouverneur pour le Roy ès païs de Champagne et Brye, fait et cotisé par Nicolas CUISSOTTE esleu..... etc...... il était tenu de garder par devers lui 34 septiers de blé et 12 d'avoine. » (Armorial ; p. 57).

Il avait obtenu le 9 juin 1539, une sentence rendue en sa faveur par Pierre DE LONGEVILLE, Ecuier, Lieutenant de Sens au bailliage de Compertry (1) ; et plus tard, le 6 juillet 1548, il était : « à la requeste, poursuitte et diligence de noble homme Jehan JOBERT, seigneur de Soullenge, demandeur contre le procureur du Roy en l'élection de Chaalons, procédé par Nicolas Braux l'un des Eleuz par le Roy nostre Sire en lad. élection, à une enqueste composée de huict témoins qui unanimement dépposèrent « avoir congnoissance de la maison des JOYBERT, qu'ils ont vécu noblement, et en gentils hommes

(1) Compertry ; aujourd'hui : Compertrix, canton et arrondissement de Châlons (Marne).

BIZET :
« d'azur, au saultoir d'or cantonné de 4 bisses ou bizets du même ».

Voir pour la famille BIZET l'article précédent consacré à Nicole BIZET.

Louise BIZET après la mort de Jaques DE JOYBERT dont elle avait eu 4 fils, avait épousé en secondes noces Nicolas MATHÉ, veuf lui-même de Jacquette LARTILLEUR qui lui laissait trois fils : Geoffroy, Hugues et François ; lesquels figurent dans une transaction qui dut avoir lieu postérieurement à la mort de Guillaume, fils aîné de Jacques DE JOYBERT et de Louise BIZET, puisqu'il n'y est point mentionné, et dans laquelle intervenaient : Dame Louise BIZET, veuve de Charles FRANÇOYS, Jean et Pierre DE JOYBERT d'une part ; et Geoffroy, Hugues et François MATHÉ, d'autre part. Cette rédaction donne même à entendre, que Louise BIZET aurait épousé en 3me noces Charles FRANÇOYS, puisqu'elle est mentionnée comme en étant veuve, et que cette transaction aurait été nécessitée par le réglement de la succession de François MATHÉ son

et qu'ils le sont effectivement, que Jean DE JOIBERT écuier était fils de François JOIBERT son père, et que du mariage dudict Jehan DE JOIBERT escuier, avec damoiselle Marguerite DE BALHAN, est sorti Jaques DE JOIBERT, lequel était notoirement noble et gentil homme, et tenait terres nobles qui sont toujours demeurées dans la famille des JOIBERT ».

Il survécut à son fils Jaques qui dut mourir selon toute apparence dans les premiers mois de 1552, car c'est à la date du 20 octobre 1552, qu'il fut nommé tuteur de ses quatre petits-fils, et le 14 novembre de la même année, il était rendu par Jehan DE BAR, écuier, licentié ès loix, une sentence de relèvement du fait de dérogeance, pour avoir vendu et débité à Ay, une quantité de vin qu'il avait .... avec le sien. Il mourut à Châlons le 13 août 1556, et il y fut enterré à côté de son père, dans l'église N. D., ainsi qu'il a été vu plus haut : puis plus tard aussi, Jaques DE JOYBERT son fils et Jean son petit-fils le furent également. (V. pièces justificatives ; Inv^re de 1657 ; p. 77).

VI.

VI. Jaques DE JOIBERT (1er du nom), écuyer, sieur des fiefs et Seigneuries de la Grand'Court, des deux rues de la terre de la Pissotte, assise à Verneuil (Marne), seigneur de Aulnay-le-Chastel, Coulemiers et Amblancourt, est dit : « fils de noble homme Jean JOIBERT, écuyer, seigneur de Soulanges, et de Marguerite BALEHAN, et était sous la tutelle dudit seigneur de Soulanges, son père, les 15 novembre 1531 et 15 juillet 1539. » (Preuves de 1773 : Archives ; C^on B ; A.). Ce fut lui qui acheta le 12 août 1538, de Catherine DE ROUCY, comtesse DE SARREBRUCHE, et veuve de Antoine DE ROYE, le château d'Aulnay (1), comprenant : « les terres et seigneuries d'Aulnay-le-Chastel, Coulemiers et celle d'Amblancourt, leurs appartenances et dépendances, tenus et mouvans du Roy à cause de son château de Vitry. » (Vaverai ; p. 17).

Jaques DE JOYBERT fut « conioint par mariage » (Inv^re de 1657) le 5 juillet 1539, avec damoiselle Louise BIZET, fille de Guillaume BIZET, « après avoir obtenu pour la célébration de ce mariage, une bulle de dispense du pape Paul III, datée de Rome le IIIe des Nones de May mil cinq cent trente-neuf », (Pr. de 1773) et il en eut quatre fils : Guillaume, Jean, Pierre et Simon décédé enfant. (Inv^re de 1657).

En 1539 et 1540 (le 7 février) lui et ladite damoiselle son épouse, firent acquisition de terres du domaine de Vitry (Dossiers bleus de d'Hozier ; vol. 369), et de quelques héritages situés au finage d'Amblancourt. En sa qualité de seigneur temporel d'Aulnay-le-Chastel, au diocèse de Châlons, il nomma et présenta au mois de février 1540, et le 1er juin 1543, à la Chapelle fondée au château dudit Aulnay (Pr. de 1773). La présentation

---

(1) Aulnay-le-Chastel, canton et arrondissement de Vitry-le-François (Marne).

second mari. Elle avait dû contracter sa seconde union avant le 15 décembre 1569, puisque à cette date c'était Guillaume DE JOYBERT qui avait la garde noble de Pierre et Jean ses puînés, que leur mère avait auparavant. (Inventaire de 1657 ; p. 75 verso).

FRANÇOYS :

La famille FRANÇOYS éteinte aujourd'hui, figure à l'Armorial de Châlons (p. 13), comme ayant eu un de ses membres : Pierre, gouverneur municipal de Châlons (1542-1543) et un autre : Claude, qui fut également investi de ces fonctions de 1591 à 1592 ; et figure également aux rooles des gentils-hommes possédant fiefs au bailliage de Vitry en 1597 et en 1622 (Armorial ; p. 30, 31, 34).

Edme-Memmye FRANÇOYS, chevalier de MONTBAYEN, chevalier, seigneur du Fresne, Saint-Hilaire et Moivre, major de dragons, chevalier de Saint-Louis ; figurait sur la liste des membres composant l'ordre de la noblesse du baillage de Chaalons, aux États-Généraux de 1789. (Armorial ; p. 38).

FERET :
« d'argent, à trois fasces de sable ».
Supports : 2 Lévriers d'argent.
Cimier : un Lévrier issant de même.
Devise : « Virtus ad astra feret ».

La famille FERET originaire de Champagne, fit les preuves de sa noblesse, par-devant Mgr DE CAUMARTIN, en août 1667, avec production de titres remontant à 1487 ; Étienne FERET était échevin de Châlons en 1517, et *** FERET le fut également en 1569. (Armorial ; p. 13).

faite en 1540, fut celle de François DE JOYBERT, l'aîné des enfants du second mariage de son père, qui fut agréé, de même que le fut en 1543, Remy puîné de François à qui il succéda.

En 1548, le pénultième jour de janvier, il avait rendu en la Chambre des Comptes, foy et hommage au Roy, pour 60 arpens de terres assises en la terre, seigneurie et viconté de Passy soubs Saincte-Gemme, tenant et mouvant du Roy, à cause de la Chatellenie et Seigneurie de Chatillon-s-Marne, qu'il avait acquis de Michel THIBAULT, escuyer, et de damoiselle François DROUYN sa femme, suivant acte fait et passé sous les sceaux de la prévosté dudict Châtillon, par-devant Gilles de Frontigny et Jehan de Frontigny, notaires roïaux d'icelle prévosté, dattées du 16 décembre 1644....... etc....... (Carrés de d'Hozier ; vol. 356 ; p. 54). Il assistait le 10 décembre 1551, à une assemblée de la noblesse du bailliage de Vitry, et dut mourir à Aulnay, vraisemblablement dans les premiers mois de 1552, puisque, c'est à la date du 20 octobre de cette même année 1552, que commença à être tenu le compte de gestion de ses trois enfants survivants : Guillaume (qui suit; Jean (v. p. 8) et Pierre (v. p. 52).

VII.

VII. Guillaume DE JOYBERT, escuyer, était en 1552 mineur avec ses frères, sous la tutelle et curatelle de Jean DE JOYBERT leur grand'père. En 1567, suivant acte du 17 octobre : « Messire Guillaume DE JOYBERT, Escuyer, Seigneur d'Aulnay-le-Châtel et autres lieux, en son nom et se faisant fort pour damoiselle « Louise BIZET sa mère, ayant la garde noble des corps et biens de Jean « DE JOIBERT et Pierre DE JOIBERT ses enfants, et de Mre Jacques DE JOIBERT, « écuyer, comparut à la convocation de la noblesse assemblée à Chaalons, pour « le ban et l'arrière-ban, à cause des fiefs d'Aunay l'Aître et autres lieux ». Le 17 may 1569, eut lieu entre lui, Jean et Pierre DE JOYBERT ses frères, et Dame Louise BIZET leur mère, le partage des biens de la succession de Jacques DE JOYBERT, Ecuyer, Seigneur de Soullanges et Aulnay-le-Chastel, leur père.

Les 2 et 30 avril 1571, et le 3 may 1573, il était rendu par Jacques LINAGE, lieutenant-général au bailliage de Vitry une sentence, donnant : « à luy Guillaume, et à messires Jean et Pierre DE JOYBERT, ses frères, main-levée des fiefs sur eux saisis, et à eux escheus, par le trespas de Jacques DE JOYBERT, leur père. »

Il faisait en personne service au Roy, en la compagnie du Seigneur Duc de Lorraine, lorsqu'il mourut (après le 12 may 1576), puisqu'à cette date, était rendue en sa faveur « par les Juges commissaires qui avaient été ordonnez par le Roy en la Chambre de la Reyne », une sentence motivée par les mêmes causes que celles rendues en 1571 et 1572.

Il avait été « conioint par mariage avec damlle Roberte FERET decedés lung et l'autre sans hoirs » (Inventaire de 1657), et avait de concert avec elle, considérablement augmenté la terre d'Aulnay. Après sa mort, ses frères se partagèrent ses biens, suivant acte passé le 2 août 1577, par-devant Touplet et Jean de Pinteville,

FERET : « d'argent, à 3 fasces de sable ».

Pour la famille FERET, avec laquelle Jean DE JOYBERT contracta sa première alliance, voir ci-dessus. Jeanne FERET parente de Roberte qui avait épousé Guillaume DE JOYBERT, était fille de Jean FERET, écuyer, seigneur de Oiri, Drulli, de la Mothe à .... et de D[lle] Jeanne Le Folmarié.

CAUCHON : « de gueules, au griffon d'or, ailé d'argent ».

La famille CAUCHON, Comte de Lhéry, Baron de Thiernut, l'une des plus illustres de la Champagne par son ancienneté, ses alliances et les charges que remplirent ses membres, fit en décembre 1670 par-devant Mgr DE CAUMARTIN les preuves de sa noblesse, d'après lesquelles elle remonte à 1348. C'est Remy CAUCHON, qui commanda les troupes que Philippe VI dit : de Valois, avait ordonné à ce gentilhomme de lever dans la ville de Rheims, après la bataille de Crécy (Mémoires historiques de Champagne, par Beaugier ; T. II, p. 355).

Hierosme CAUCHON père d'Apolline qui épousa Jean DE JOYBERT, était homme d'armes des ordonnances du Roy, en 1561 : il mourut le 14 octobre 1592 à Châlons, et il y fut enterré dans l'église Saint-Loup, (Pierres tombales ; n° 281 ; p. 144). Il avait épousé Apolline GOUJON, fille de Pierre, seigneur de Tours-sur-Marne, dont il avait eu quatre enfants (1), savoir : AGNETZ, qui épousa Regnauld FERET, écuyer, sieur de Montlaurent, capitaine de Rheims en 1574 ; Jacquelyne, qui avait épousé François LE LIEUR, escuyer, sieur de Canal, Pierre CAUCHON encore myneur et sous la tutelle et curatelle d'André GOUJON, escuyer, seigneur de Bouzy en 1594 ; Apolyne, qui avait épousé en 1577, Jean DE JOYBERT, seigneur d'Aulnay.

(1) Saisie féodalle praticquée sur les enfants et héritiers de Hiérosme CAUCHON, escuier, seigneur de Dugny, par Nicolas de Bohan, escuier, seigneur et baron de Namptcuil-la-Fosse.

notaires roïaux héréditaires au baillage de Vermandois à Chaalons. D'après ce partage, ce fut son frère puiné Jean, qui suit, qui devint Seigneur d'Aulnay, et Pierre qui avait été attributaire du 2e lot, fut la souche d'où sortit la branche dite : DE COULLEMIERS et DE SOULANGES, (Voir plus loin, p. 52).

VII. Jean DE JOYBERT (IIe du nom), Escuyer, Seigneur d'Aulnay-le-Chastel, de la Grand'Court et de Verneuil-sur-Marne, et Vicomte de Passi en partie, (Invre de 1657, — v. Pièces justificatives ; p. 76), « estait mineur et sous la tutelle et garde-noble de damlle Loyse BIZET sa mère, veuve de Jaques DE JOIBERT, Ecuyer, Seigneur d'Aulnay, de Verneuil en partie l'an 1567, il obtint main-levée de sa terre et seigneurie de la Grand'Court, par sentences des 8 juillet 1573 et 30 septembre 1574, il avait partagé avec Pierre DE JOIBERT son frère, les Seigneuries d'Aulnay-le-Chastel et d'Amblancourt qui leur étaient échuës par le déceds de Guillaume leur frère aîné, et il déclara les 14 may et 7 août 1577, devant le lieutenant-général au bailliage de Château-Thierri, qu'il était prêt de faire service en personne au Roy, dans l'arrière-ban des nobles dudit bailliage. » (Preuves de 1773).

Il fut « conioint par mariage en premières nopces », (Invre de 1657), après contrat passé devant Mes de Laval et Jacobé, notaires roïaux au baillage de Chaalons, le 17 may 1570, (Archives ; Con A ; 1, 2 pièces) avec delle Jeanne DE FERET, fille de Jean FERET, seigneur d'Oiry, Drouilly, la Motte, et de feuë Jeanne LE FOLMARIÉ : qui mourut en 1577, lui laissant une fille : Jeanne DE JOYBERT qui fut : « conioínte par mariage à Geoffroy LE GORLIER, escuier, seigneur de Braux Sainte-Cohierre, Chaudefontaine, la Grand'Court, Verneuil, Drulli, Oiri et autres lieux. » (Invre de 1657 ; et Dossiers bleus de d'Hozier, vol. 369). Jeanne FERET étant morte en 1577, Jean DE JOYBERT se remaria, suivant contrat passé le 9 octobre 1577, devant de Laire et Bancelle, notaires à Rheims, avec damlle Appoline CAUCHON, fille de noble homme Jérôme CAUCHON, Écuier, Comte de Lhéry, Seigneur de Dugny et de Ville-en-Tardenois, homme d'armes des ordonnances du Roy en 1561, et de Delle Apolline GOUJON DE THUISY. (Archives ; Con A ; I.).

En 1587, le 20 juin, Damlle Magdeleine DE BOHAN, veuve de feu Michel DE CONDÉ, vivant Escuïer, Seigneur de Vandières et de Passy-souz-Saincte-Gemme, avait obtenu en la Cour du Parlement de Paris, un arrest contre lui et son frère Pierre, au sujet des 60 arpens de terres acquis par leur père Jaques. (Carrés de d'Hozier ; vol. 356 ; p. 56). Le 1er août de cette même année 1587, « Jean DE JOIBERT comparut encore devant M. le bailly de Vitry, et fit offre de servir le Roy, au ban et à l'arrière-ban dudit baillage. » (Pr. de 1773 ; et Acte du 1er août 1587).

Il mourut à Aulnay, avant 1591, puisque c'est le 7 mai 1591, qu'on voit Apolline CAUCHON, sa veuve, se remarier avec Théodore DE LA PIERRE,

M. DE CAUCHON, chevalier, seigneur de Sommièvre, sindicq de la noblesse du bailliage de Vitry-le-François en 1730 pour son fils, était à ce moment Seigneur de Farémont, et il vendit sa portion de seigneurie audit lieu, à M. DE NETTANCOUR-BETTANCOUR en 1742 (Vaverai : p. 180).

Seigneur de Cuys, qu'on voit figurer en 1605, dans la sentence de nomination de Hiérosme DE JOIBERT, comme tuteur et curateur du côté maternel, des enfants de deffunts François LE LIEUR et Jacqueline CAUCHON. (Archives ; C^on 1 ; 6, 1.).

Du second mariage de Jean DE JOYBERT avec dam^lle Apolline CAUCHON sont issus quatre enfants : (VIII). Hiérosme qui suit ; Louise conioínte par mariage avec Jacques DE SOUFFLIER, escuier, seigneur du Mesnil et de B... ; Nicolle conioínte par mariage à Nicolas DE PONSORT, escuier ; Marie Dame religieuse, mère prieure de l'abbaye de Saint-Jacques, près Vitri-du-Partois. (Inv^re de 1657 ; pièces justificatives, p. 74).

VIII.

VIII. a. Hiérosme DE JOYBERT, (Ier du nom), Ecuyer, « Seigneur d'Aulnay-le-« Chastel, de Ville-en-Tartenois, de la Grand'Court et de Verneuil en partie, « entre lequel, Dam^lle Apolline DE CAUCHON sa mère, épouse du sieur « DE LA PIERRE, auparavant veuve de Jean DE JOIBERT son père, Ecuyer, « Seigneur d'Aunay et autres, il fut rendu sentence arbitrale, le 18 novembre « 1602 ». (Pr. de 1773), fut nommé par sentence rendue le 19 avril 1605, par Charles LE VERGEUR, Vicomte de Cramailles, tuteur et curateur du côté maternel, des enfants de François LE LIEUR, vivant Seigneur de Canal, et de Jacqueline CAUCHON sa femme, (Archives : C^on 1 ; C ; n° 1). En 1599, le 19 août, il lui avait été délivré par Jacques D'ANGLURE chevalier de l'Ordre du Roy notre Sire, etc...... un reçu, constatant le paiement fait par lui, de la somme à laquelle il avait été taxé pour sa part, dans le montant de celle allouée audict Jaques D'ANGLURE, pour avoir assisté à l'Assemblée des États tenus en la ville de Bloys, le quinziesme septembre et autres jours subséquents, suivant l'élection qui avait été faite de sa personne par la noblesse du baillage de Vitry : élection à laquelle avait pris part ledict Hierosme DE JOYBERT.

« Il transigea le 18 novembre 1602, puis le 11 août 1609 avec ses cohéri-« tiers, sur le partage des biens dudit Seigneur d'Aunay son père, fit hommage « au Roy le 7 janvier mil six cent treize, de sa ditte Seigneurie d'Aunay-le-« Chastel, mouvante en plein fief, foy et hommage de Sa Majesté, à cause de « son château de Vitry-le-François, et qui lui était échuë par le déceds du dit Jean « DE JOIBERT son père, écuyer, Seigneur dudit Aunay, la Grand'Court et « Verneuil. Il fut présent le 21 août 1635, à la montre générale de la noblesse « de Champagne, et fut déchargé du service du ban et de l'arrière-ban du

BRAUX : « de Gueules, au dragon allé d'or ».

La famille DE BRAUX d'origine châlonnaise (Armorial ; p. 7) et l'une des meilleures de la Champagne, remontait à Jean BRAUX, père de Guillaume BRAUX, abbé dont la tombe est dans une chapelle de Châlons. Elle avait été anoblie par lettres-patentes du Roy Charles V, en forme de chartres, données à Paris le 1er février 1366, et portant anoblissement à Jean BRAUX, originaire de Champagne, à Jeanne BRAUX sa femme et à toute sa postérité, en considération des services qu'il avait rendus au Roy dans ses guerres. (Caumartin ; Preuves : de Braux ; I.). Cette famille a formé plusieurs branches (Anglure, Saint-Valery, Sorton), occupé les premières charges de la province, et contracté les plus brillantes alliances. (Pierres tombales ; p. 68 et 190).

La branche dite : du SORTON, issuë de Pierre et de Charlotte LE BESGUE, obtint le 19 may 1735, de Stanislas, duc de Lorraine, des lettres de reconnaissance de sa noblesse, (de Dumast).

« bailliage de Vitry, sur ce qu'il avait représenté qu'il était angé de 60 ans (1), « qu'il avait reçu plusieurs blessures au service du feu Roy, et particulièrement, « un coup de mousquet au bras gauche dont il était estropié ; que depuis plus « de huit ans, il avait envoyé Jean, Théodore et Jaquès DE JOIBERT ses « enfants, servir dans les armées du Roy, que ledit Théodore avait été tué au « combat de Veillane-en-Piedmont, que ledit Jean, avait été tué l'an dernier, « au combat donné en Flandre (2), sous la conduite du maréchal DE CHATILLON, « et qu'il ne lui restait plus que ledit Jaques DE JOIBERT, son plus jeune fils, « qui servait dans l'armée commandée par led. Sieur maréchal DE CHATILLON, « dans la compagnie de Chevau-légers sous la garde du Sieur DE VATIMONT. » (Preuves de 1773). — « Hierosme DE JOIBERT, escuier, seigneur d'Aunay et de Ville-en-Tartenois, fut conioint par mariage en premières nopces, le 11 septembre 1600, avec Dam^lle^ Madelène BRAUX, fille de Pierre BRAUX, Ecuyer, Seigneur de Sailly et du Sorton, et de Charlotte LE BESGUE, décédée sans hoirs. » (Inv^re^ de 1657). Il est à croire, que c'est pour ce motif que cette première alliance de Hierosme DE JOYBERT, n'a pas été mentionnée par Mgr DE CAUMARTIN, qui n'en parle que dans la production faite devant lui, des titres représentés par la famille DE BRAUX. (Caumartin : art. de Braux ; Branche du Sorton, VI).

Madelène BRAUX, étant morte à une date qui n'a pu être retrouvée, Hiérosme DE JOYBERT « fut conioint en 2es nopces avec Dam^lle^ Louise TRUC, icelle aussi en secondes nopces. » (Inv^re^ de 1657). Cette alliance avait été précédée d'un contrat passé le 4 novembre 1608, (Archives : C^on^ A ; 3), par-devant Me Bezançon, notaire roïal à Châlons, et après l'autorisation de Cosme CLAUSSE, Évêque Comte de Châlons, du 12 novembre 1608, que confirma une bulle de dispense du pape PAUL V du 1er décembre 1610 ; et, le certificat de la célébration du mariage, ne fut établi et délivré que le 8 février 1611. Damoiselle Louise TRUC, fille de noble homme Jérôme TRUC, procureur du Roy au marquisat de Salus et Carmagnolles, et de Jeanne LE GOIX, était veuve en premières noces de feu Messire Jacques DE JOYBERT ; (cousin-germain de son second mari, voir p. 52) qu'elle avait épousé le 15 janvier 1601 ; (Archives : C^on^ A ; n° 3) et qui était mort au mois de novembre 1607, lui

(1) Détail qui permet d'assigner approximativement pour sa naissance, l'année 1575.

(2) Ce combat avait eu lieu à Avesnes en 1634.

TRUC :

« d'azur, au croissant d'argent, surmonté d'une Étoile d'or, et accompagné de 3 Palmes du même, posées 2 en chef et 1 en pointe ».

La famille TRUC, originaire de Saluces en Piémont, fit par-devant Mgr DE CAUMARTIN, en juin 1668, les preuves de sa noblesse avec production de titres remontant au 26 janvier 1574, date à laquelle Hiérosme TRUC avait été anobli, par lettres patentes du Roy Charles neuvième, en récompense des grands et notables services qu'il avait rendus, tant à Sa Majesté qu'aux Roys ses prédécesseurs. (Caumartin : Preuves des Truc ; I).

Hiérosme TRUC (IIe du nom), fut procureur du Roy en la ville de Paris. (Ibidem) A l'époque où Salusse fut momentanément réuni à la France, un Jérôme TRUC était premier gentilhomme de Messire Louis, dernier marquis de Salusse.

Jean Truc, procureur du Roy, était gouverneur municipal de Châlons en 1620 (Armorial ; p. 26).

laissant deux enfants : Jérôme et Jeanne, (voir p. 53, 54) à l'article de la Branche : dite de Coulemiers). Dans le contrat du premier mariage de Louise TRUC en 1601, avec Jacques DE JOYBERT, figura parmi les assistants : « Jérôme cousin-germain de son mari », qu'elle devait épouser plus tard en 1608.

Le 1er février 1635, Hierosme DE JOYBERT, seigneur d'Aulnay, de concert avec Hierosme aussi DE JOYBERT, seigneur de Coulemiers, (son beau-fils et fils de feu Jacques son cousin-germain), fit rendre par MM. de Choisy et Martin Pussot, commissaires départis par Sa Majesté, pour le règlement des tailles en la province de Champagne, une sentence, par laquelle ils étaient maintenus et conservés en leur qualité de nobles ; et le 21 août de la même année, « lors de la convocation du ban et de l'arrière-ban, il lui était délivré un acte de comparution, par lequel l'Intendant en Champagne « l'a deschargé de ce service, attendu son grand âge, infirmités et différentes blessures qu'il avait reçues à plusieurs batailles, et la considération de ce que deux de ses fils avaient été tués à l'armée, et que son dernier fils était encore à l'armée présentement ».

Il mourut à Aulnay, le 5 mars 1637, et y fut inhumé dans l'église, où on voit encore au milieu du chœur, la place qu'y occupait sa pierre tombale qui fut brisée en deux à la Révolution. Le morceau le plus grand, servait en 1890, de pierre d'entrée à la maison de cure, et le plus petit formait la marche de la porte latérale de l'Église. Les inscriptions en avaient presque complètement disparu, et on ne pouvait plus y déchiffrer à ce moment, que les mots suivants : « cy gist honoré seigneur........ chevallier........ qui décéda le 5e de mars 1637. Priez Dieu pour lui », et voir encore, deux écussons aux armoiries des JOYBERT, surmontées d'un casque orné de lambrequins, et deux écussons en losange entourés d'une cordelière aux armes des TRUC, dont était sa femme en secondes noces ; les Écussons alternant aux quatre angles. (de Dumast).

Le détail des armoiries alternant aux 4 angles, pourrait même faire supposer avec quelque vraisemblance, que Louise TRUC aurait été enterrée à la même place que son mari, lors de son décès dont la date n'a pu être précisée, mais qui toutefois, arriva postérieurement au 3 novembre 1651 ; puisque à cette date, il était rendu par Claude Loisson, conseiller du Roy, lieutenant-général au bailliage et siège présidial de Chaalons, une sentence lui donnant gain de cause dans un différend qu'elle avait avec les habitants d'Aunay : (Archives : C[on] 1, C, n° 2), et d'autre part encore, ce fut le 30 mai 1661 seulement, qu'il fut suivant acte du même jour, procédé au partage de sa succession.

Hiérosme DE JOYBERT avait eu cinq enfants de son second mariage : Théodore et Jean tués au service du Roy, comme il a été vu plus haut ; Jaques qui suit la descendance, Louise et Madelène (IX. a, b et c.).

LE GORLIER : « d'argent, à la fasce de gueules chargée d'une coquille d'or, et accompagnée de 3 merlettes de sable, 2 en chef et 1 en pointe ».

La famille LE GORLIER, remonte au commencement du XVe siècle, époque à laquelle Gilles vint de Château-Thierry se fixer à Châlons. (Pierres tombales ; p. 74 : et Armorial ; p. 18).

Bien que cette famille fût une des premières de la ville de Châlons, au conseil de laquelle elle avait été admise dès le XVe siècle, tant par le nombre des seigneuries qu'elle possédait, que par celui des lieutenants de ville ou de gouverneurs municipaux sortis de son sein, et bien que dès le 10 juillet 1597, et plus tard en 1622, on voie Charles, Nicolas et Geoffroy GORLIER (mari de Jeanne DE JOYBERT), figurer sur les rooles des Gentils hommes et habitants de la ville de Châlons, possédant fiefs aux bailliages de Vermandois, Sens, Vitry et Château-Thierry, dispensés, « employés au service de Sa Majesté pour la tuition et deffence de la dite cité en son obéissance. » (Armorial ; p. 28-37), elle n'avait cependant pas été admise par Mgr DE CAUMARTIN, lors de sa recherche en 1668. Elle fut néanmoins un peu plus tard maintenue dans sa noblesse par arrêt du Conseil d'État, et figure parmi les familles nobles reconnues telles par LARCHER, successeur de M^r^ DE CAUMARTIN, et ajoutées dans l'armorial de Chevillard et Dubuisson, (de Dumast).

SOUFFLIER : « d'azur, au chevron d'argent accompagné de 3 soucis doublés d'or, placés 2 en chef et 1 en pointe ».

La famille de SOUFFLIER avait fait ses preuves de noblesse, par-devant Mgr de Caumartin, au mois de juillet 1667, avec production de titres remontant au 28 octobre 1562, après avoir obtenu dès le 2 juillet 1577, un arrêt de la Cour des Aydes confirmatif de sa noblesse : et plus tard, elle en avait encore obtenu dans le même but les 12 mars 1641 et 17 décembre 1663.

ARCENAY :

Sans aucuns renseignements.

PONSORT : « de Gueules, au chevron d'or accompagné d'un lion de même en pointe ».

La famille de PONSORT, d'origine champenoise et remontant à 1599, fut maintenue dans sa noblesse par MM. les Commissaires du Conseil, le 19 juin 1716. Son dernier représentant est mort en 1891, (de Dumast).

VIII. b. Jeanne DE JOYBERT issue du premier mariage de Jean DE JOYBERT avec Jeanne FERET, se maria à la fin de l'an 1595, ou au commencement de 1596, avec Geoffroy LE GORLIER, Escuier, Seigneur de Braux-Sainte-Cohierre, la Motte de Chandeneux, Chaudefontaine, etc... qui fut lieutenant de ville à Châlons en 1638. Il avait pris part aux sièges d'Épernay et de Paris, et assistait en 1599 au combat de Pringy, où il était Seigneur d'un pré dit : de Pringy. Il était fils de Pierre LE GORLIER, échevin de Châlons où il mourut lui-même âgé de 92 ans, le 29 juillet 1664, et il y fut inhumé dans l'église N.-Dame, au bas de la nef. Jeanne DE JOYBERT sa femme, qui était morte dès le 14 novembre 1656, y avait été déjà enterrée.

Elle avait apporté à son mari, les fiefs et seigneuries de la Grand'Court et de Verneuil, qui passèrent à ses enfants, et restèrent chez les LE GORLIER qui en prirent même les noms. (Pierres tombales : n° 422 ; p. 131).

VIII. c. Louise DE JOYBERT, deuxième enfant de Jean et d'Apolline CAUCHON, épousa d'après contract de mariage du 30 janvier 1600, signé : Hansthome et Marets, (Caumartin ; Preuves de la famille de Souffier), Jacques de SOUFFLIER écuyer, seigneur de Mesnil-la-Cour, fils de Jacques et de D^elle^ *** DE MONTIGNY. Tous deux étaient morts avant le 1er janvier 1640, époque à laquelle leurs enfants se partageaient les biens de leur succession, (de Dumast).

VIII. d. Nicolle DE JOYBERT était le troisième enfant de Jean et d'Apolline CAUCHON, sa seconde femme : elle avait épousé en premières noces, Laurent D'ARCENAY, écuyer, seigneur de Mutry, qui mourut sans postérité connue à une date restée ignorée. Le 9 mai 1610, Nicolle se remaria et épousa Gaspard DE PONSORT, écuier, seigneur de Grauves en partie et de la Rouge-Maison, fils d'Hector et de Jeanne DE GUÉRIN sa seconde femme ; elle en eut postérité et mourut en 1640, (de Dumats).

VIII. e. Marie était le dernier enfant de Jean et d'Apolline CAUCHON, elle était religieuse à l'abbaye de Saint-Jacques, près Vitri du Partois, et en devint mère prieure. C'est tout ce que nous apprend sur son compte, l'Inventaire de 1657.

DEU : « d'argent, au chevron d'azur, accompagné de 3 pattes de griffon de sable, 2 en chef et 1 en pointe ».

La famille DEU qui ne figure pas parmi celles que maintint Mgr de Caumartin, mais qui est au nombre de celles portées par Chevillard et Dubuisson, et qui fut confirmée par arrêt du Conseil, au mois de décembre 1718, sur production de titres remontant à 1541 ; est une ancienne famille de Châlons remontant à Sanche DEU, bourgeois de Châlons, qui vivait en 1375. (Armorial ; p. 10 ; et Pierres tombales ; p. 182).

Deux branches principales : de Vieux-Dampierre, éteinte en 1832 dans la famille de Barthélemy ; et de Montigny-Marson, 12 officiers des armées du Roy, dont 4 chevaliers de Saint-Louis. (Armorial ; p. 10 ; et Armorial général des registres de la noblesse de France, par P. d'Hozier et d'Hozier de Sérigny, juges d'armes de France ; p. 45).

AUBELIN : « d'azur, au chevron d'argent accompagné en chef, de 2 étoiles d'or, et en pointe, d'une tête de cerf aussi d'or ».

La famille AUBELIN originaire de Beauce, fut maintenue dans sa noblesse en 1668, par Mgr de Caumartin, sur production de titres remontant à 1350. Pierre AUBELIN fut gouverneur municipal de Châlons (1466-1467). (Armorial; p. 10).

Voir plus loin, p. 23 v°, pour le surplus des détails concernant cette famille.

IX.

IX. Théodore, fils aîné de Hiérosme DE JOYBERT et de Louise TRUC, naquit le 29 février 1612 à Aulnay, où il fut baptisé le même jour et eut pour parrain : Théodore de la PIERRE, seigneur de la Tour de Cuy, et pour marraine : Charlotte TRUC. Il entra de bonne heure au service, et fut tué sans hoirs, au combat de Veillane en Piedmont.

IX. Jean, second fils de Hiérosme DE JOYBERT et de Louise TRUC, naquit et fut baptisé à Aulnay, le 8 may 1614. Son parrain était Claude DE JOYBERT, écuyer, seigneur de Soulanges, cousin-germain de son père, sa marraine : damoiselle Madelène MAUCLERC, femme de Claude son parrain. Il entra également au service et fut tué, aussi sans hoirs, à la bataille d'Avênes, contre le prince Thomas, à laquelle bataille assistait également son plus jeune frère Jacques.

IX. a. Louise DE JOYBERT qui fut le troisième enfant de Hiérosme et de Louise TRUC, naquit le jour de l'Ascension de l'an 1616. A son baptême elle eut pour parrain : Messire Philippe de la PIERRE, et pour marraine : Louise GOULLIER ; émancipée dès le 12 avril 1642, elle épousa Charles DEU, seigneur de Saint-Remy-sur-Bussy et d'Auve, avocat en parlement, et elle en eut postérité. Ils acquirent de concert en 1649, la seigneurie de Vieux-Dampierre qui resta longtemps aux mains de leurs descendants.

Charles DEU paraît, selon toutes apparences, être le fils de Pierre, et de Marie DE PARIS fille du Sr de Flavigny, et il aurait épousé le 19 décembre 1647, Louise DE JOYBERT qui mourut à Châlons le 30 novembre 1692, paroisse de la Trinité, et fut inhumée en l'église des R. R. Pères Augustins, (de Dumast).

IX. b. Madeleine DE JOYBERT, qui était le 4e enfant de Hierosme et de Louise TRUC, naquit et fut baptisée à Aulnay le 4 novembre 1618, ayant pour parrain : Messire François LE LIEUR, Écuyer, Sr de Laval ; et pour marraine : Magdeleine LANISSON. Ainsi que sa sœur, elle fut émancipée le 12 avril 1642, et épousa en 1res noces : Messire Claude AUBELIN, seigneur de Nuisement, lieutenant à la Mestre de Camp au régiment de Duras, dont elle eut deux enfants morts en bas-âge. Devenue veuve en 16.. Madelène épousa en secondes noces, suivant contrat passé à Châlons le 5 juin 1663, par-devant MM[es] Duboys et Roget, « nottaires, » et religieusement paroisse Saint-Éloi, le 1er septembre 1663, noble homme Jean LE DUC, vivant Seigneur de

LE DUC :

« d'azur, au chevron d'or accompagné en chef de 2 roses, et en pointe, d'une croix trêflée du même ».

La famille LE DUC d'origine châlonnaise, et remontant à Pierre, Écuyer en 1499, paraît au Conseil de ville au XVIe siècle, (Armorial ; p. 18), et acquit au XVIe siècle également la seigneurie de Compertrix. Elle avait fait enregistrer ses armes par d'Hozier, dans l'Armorial général de France, sur production de titres, lui reconnaissant la Champagne comme berceau, antérieurement à 1550 : et son nom figure sur les rooles de 1597 et de 1635. (Armorial ; p. 30 et 37).

Compertrix, Échevin et Gouverneur de Châlons, fils de Jean, conseiller au bailliage et siège présidial, échevin perpétuel de la ville de Châlons, et de D[elle] Marie BAUGIER, qui était né à Châlons le 5 septembre 1620. Elle n'eut pas d'enfants de cette seconde union, et mourut à Châlons le 7 janvier 1705, âgée de 85 ans et veuve pour la seconde fois. Elle fut comme sa sœur Louise, enterrée dans l'église des P. P. Augustins, (de Dumast).

IX. c. Jaques DE JOYBERT (IIe du nom), fut le 5e et dernier enfant de Hierosme et de Louise TRUC ; il naquit et fut baptisé le 25 octobre 1620, son parrain était Jacques LINAGE, escuyer, S[gr] de Loisye, et sa marraine : Madeleine GOUJON, femme de Jaques LINAGE. Il entra au service du Roy comme ses frères, et servait dans la Cie de Chevau-légers du Sieur de Vatimont, suivant un passe-port qui lui fut donné à la Haye, le 6 décembre 1635 par le maréchal de Brézé : (Pr. de 1773). Une note jointe à ce passe-port, indique que pour lors, il se nommait : « De Vil » (1) ; et à cause de la mort de ses deux frères aînés qui avaient été tués, dont le dernier, Jean, le fut à la bataille d'Avène, à laquelle il assista lui-même, ce fut lui qui succéda à la seigneurie d'Aulnay.

« Il fit hommage au Roy le 22 décembre 1637, tant pour lui comme héritier de Jérôme DE JOIBERT son père, écuyer, seigneur des dits lieux, que pour damoiselle Louise TRUC sa mère, veuve dudit Jérôme DE JOIBERT, des fiefs de Aulnay-le-Chastel et petit Aunay, mouvans de S. M[té] à cause de son chasteau de Vitry, lesquels fiefs lui appartenaient, et à ses sœurs, de la succession dudit défunt, leur père, et il donna dénombrement le 6 juillet 1641. Il s'était présenté le 15 may 1639, pour servir au ban et arrière-ban dudit bailliage ; le 12 avril 1642, il partagea noblement avec ses sœurs la succession de leur père, de l'avis de la Dame leur mère, et il fut maintenu dans les privilèges de sa noblesse, par arrêt de la Cour des Aydes de Paris, du 22 août 1664, puis, par ordonnance rendue à Châlons, le 2 juin 1668, par Mgr Lefèvre de Caumartin, Intendant de justice en la Généralité de Champagne ». (Pr. de 1773 ; et, Archives : C[on] 1 ; D ; n° 11). — Dès le 16 mars 1641, antérieurement par conséquent à l'arrêt de la Cour des Aydes ; il avait été rendu par M. Bertel de Grémonville, intendant des trésoriers de France, un jugement ordonnant : « que ledict Jaques DE JOIBERT jouira des privilèges accordés par Sa M[té] à la noblesse de son royaume... etc... » ; et un peu plus tard, le 18 juillet de la même année intervenait encore à son profit une sentence : « rendue à Troyes en Champaigne.... » motivée par la même cause. Le 7 novembre 1642, il assistait au mariage de damoiselle Marie d'ETZ sa belle-sœur, avec Messire Salomon DE ROUCY, Seigneur de Manre, avec lequel

(1) A cause sans doute de la Seigneurie de Ville-en-Tardenois que possédait son père, du chef d'Apolline Cauchon.

DEZ ou D'ETZ : « d'azur, à une fasce d'argent accompagnée de 3 étoiles du même rangées, en chef, et d'une levrette courante aussi d'argent, en pointe ».

La famille DEZ ou D'ETZ, ou encore D'ETS, ainsi qu'on le trouve écrit dans la généalogie de la maison de Roucy, que donne le P. Anselme (Histoire des Grands officiers de la Couronne ; tome VIII ; p. 872), était originaire du Rethelois, où elle possédait les seigneuries de Ballay, de Richecourt, Loisy (sur Aisne), Ardeüil, Grivy... etc... et avait été maintenue dans sa noblesse, par sentence rendue le 4 avril 1641, par Mre Nicolas Bertel de Grémonville, conseiller du Roy en ses conseils, Intendant de la justice, police et finances de la province de Champagne, assisté de Philippe-François, seigneur de Montbayen, de Jean Le Fèvre, seigneur de Fontaines et de Joachim de Rivolet, Sr du Ruisseau, aussi conseillers du Roy, trésoriers de France généraux des finances en Champagne, commissaires députés par S. M[té], pour l'exécution de son édit du mois de novembre 1640, passé en la Généralité de Châlons. (Pour surplus de détails concernant la famille D'ETZ ; voir aux additions ; p. 78).

DUBOIS ou DU BOYS :

Pour ce qui concerne la famille DUBOIS ou DUBOYS, (voir dans les Archives de la Marne ; Série E ; 145) le contrat du mariage à Saint-Lumier, le 13 janvier 1602, de Hugues DUBOIS, seigneur de la Tourterelle, avec Renée DE TOURNEBULLE fille de Jean, seigneur de Saint-Lumier en Champagne. Renée DE TOURNEBULLE fut la première femme de Hugues DUBOIS, dont elle n'avait eu que deux enfants : Anne qui épousa Jacques DE JOYBERT le 27 mai 1666, et Jean DUBOIS, capitaine au Rég[t] de Florainville, qui obtint en 1641 de Jean Bertel de Grémonville, intendant en Champagne, une sentence de maintenue de sa noblesse ; (Archives de la Marne ; loc. cit.) or, comme en 1606, Hugue DUBOIS était remarié, (loc cit) Anne DUBOYS lors de son mariage avec Jaques DE JOYBERT, en 1666, avait donc plus de 60 ans, (de Dumast).

il eut plus tard des différends, et contre qui il obtint 4 sentences, de 1665 à 1667. (Archives : C^on 1 ; D ; n° 10).

En 1649, le 1er mars, il assistait ainsi que Claude de JOIBERT, escuier, seigneur de Soulanges son parent, à une assemblée de la noblesse de Champagne, où il fut décidé qu'il serait envoyé des députés à Sa Majesté, à Orléans, à l'effet de faire des remontrances. Il résidait au château d'Aulnay, où le 9 novembre 1657, il se rendait acquéreur de 5 danrées de terres qui devaient appartenir à la « chappelle » dudit Aunay, et la même année, il fit établir et dresser : « un inventaire (1) des pièces justificatives de la noblesse des de JOYBERT, et pour servir de faits de descente et de Généalogie ». (Voir la transcription de cet inventaire, aux pièces justificatives ; p. 73 v°).

En 1658, il fit procéder à l'estimation et à la prisée générale de la terre et Seigneurie d'Aulnay ; et le 30 may 1661, prenait part au partage des biens provenant de la succession de feue dam^lle Louise TRUC (sa mère). Le 23 ...... 1666, il donna au Roy dénombrement de la terre de Vonc (2), au nom et comme tuteur ayant la garde noble des enfants mineurs de luy et de deffuncte Dame Magdelaine DEZ, vivante son Épouse, et il est ainsi qualifié dans cet acte : « Messire Jacques de JOYBERT, chevallier, seigneur d'Aulnay-le-Chastel, vicomte de Rim... oüil, seigneur de Saint-Amand et autres lieux ». — Jaques de JOYBERT, disent les preuves de 1773 : « fut marié par consentement de sa mère », suivant contrat passé le 17 janvier 1641, devant Angenoust et Beschefer, notaires à Chaalons, avec Dam^lle Madelène d'ETZ fille de noble homme Henry DEZ, écuyer, seigneur de Grivy, Loisy et Ardeüil, et de D^elle Madelène Beschefer, Dame de Condé-sur-Oësne. (Archives : C^on A ; n° 3).

Madelène d'ETZ mourut à Aulnay, le 25 mars 1665, et le 27 mai de l'année suivante, Jacques de JOYBERT épousa en secondes noces, dans l'église d'Aulnay, après contrat passé le 22, devant Jean Thiellement et Michel Hoquet, notaires jurés du Roy à Victry-le-François, dam^lle Anne DUBOYS fille de feu Hugues DUBOYS, seigneur de la Tourterelle, et de d^elle Renée de Tournebulle, dont il n'eut pas d'enfants. — D^elle Anne du BOYS mourut à Aulnay le 7 juin 1775, et y fut inhumée dans l'église le lendemain. Jacques de JOYBERT lui survécut, et vivait encore le 6 septembre 1677, puisque à cette date, il était parrain à Villers, d'Alexandre-Charles, (fils aîné de son deuxième fils Philippe, qui ne vécut pas) ; il mourut à Aulnay « aagé d'environ soixante-quatorze ans », dans les sentiments d'un très-bon chrétien, le 1677 et il fut inhumé dans l'église le lendemain, (de Dumast). — Jaques de JOYBERT avait eu de son mariage avec Madeleine d'ETZ, cinq enfants (X), Jérome qui va suivre, Philippe qui fut souche de la branche dite : de Villers, qui continua la descendance, Jacques, Louise et Madeleine.

(1) Il est à remarquer toutefois qu'il y a désaccord entre cet inventaire (v. p. 73, v°) et l'enquête de 1464 (p. 67) en ce qui concerne les premiers degrés ; et notamment la personne de Thomas.

(2) Vonc, aujourd'hui : Voncq ; arrondissement de Vouziers (Ardennes).

RAULET :

« d'azur, à un lys d'argent ouvert, tigé et feuillé de 4 feuilles d'or, chargé de 3 tafs de sable, celui du milieu renversé. »

La famille RAULET qui contracta trois alliances avec celle DE JOYBERT, (p. 50 et 53 v°) était originaire de Beauce, et avait fait en 1667, par-devant Mgr de Caumartin, les preuves de sa noblesse avec production de titres antérieurs à 1514, époque à laquelle : noble Claude RAULET était procureur à Châlons. (Armorial ; p. 25). Claude et Pierre RAULET figurent sur le roole du 10 juillet 1597. (Armorial : p. 25).

Gervais RAULET, d'une branche de cette famille fixée en Lorraine, était sommelier d'Echausonnerie du Duc René II de Lorraine et il fut anobli par ce prince, le 11 may 1498, (Dom Pelletier ; p. 679) mais les armoiries de cette branche étaient différentes de celles de la branche de Champagne.

GROSSETESTE :

« d'azur, à trois gerbes d'or accompagnées en chef d'une Étoile d'argent *, et en pointe, d'un croissant de même ».

Marie GROSSETESTE était fille de Pierre GROSSETESTE, Président du Grenier à sel de Vitry, Seigneur de Plichancourt, et de Damoiselle Jeanne DE SAINT-GENIS. (Voir aussi Vaveray : art. Plichancourt p. 394).

Vaverai p. 393, donne les armoiries suivantes à cette famille : d'argent treillissé de sinople au chef de gueules chargé de 3 grelots d'argent mis en fasce (à cause de l'origine du document, il est bien à croire que cette indication est exacte).

* d'Hozier dans son Armorial général (mnst. de la Bibl. Nat[le] 1696 ; Champagne, p. 194) indique l'étoile comme étant « appointée, et soutenuë d'un croissant de même », (de Dumast).

X.

X. a. Hierosme DE JOYBERT (IIe du nom), fils aîné de Jaques et de Madeleine D'ETZ, chevalier, seigneur d'Aulnay et autres lieux, était en 1668 mousquetaire du Roy, (Dossiers bleus de d'Hozier ; vol. 369 ; et Caumartin, preuves de Joibert, V.) On le voit figurer les 22 novembre et 13 décembre 1674, comme commandant la noblesse de Champagne, en tête des « rooles » des Gentils hommes du baillage de Châlons : et en 1675, il lui était délivré un certificat de comparution à la convocation du ban et de l'arrière-ban, duquel il résulte : « qu'ayant été choisi et nommé pour commander la compagnie des gentils hommes du Baillage de Chaalons, au ban et arrière-ban il a par cette raison, et encore attendu que son père est extrêmement aagé, et que messire Philippe DE JOYBERT, écuyer, son frère, est à l'armée depuis plus de 10 ans, requis d'être déchargé du service pour le ban et arrière-ban en l'année 1675 ; ce qui lui a été octroyé ». — Le 29 mars 1678, il partagea noblement avec messire Philippe DE JOYBERT et autres, la succession de messire Jacques DE JOYBERT leur père : et en 1682 il est encore mentionné, comme ayant commandé la noblesse à l'arrière-ban du bailliage de Châlons, dans un bail qu'il accordait de concert avec M. DE MERTRUS, son beau-frère (Archives : Con 1 ; E ; no 5). Il fut de la famille le dernier seigneur d'Aulnay, car cette terre fut vendue sinon de son vivant, du moins peu après sa mort.

Il avait épousé en premières noces, suivant contrat passé devant Me Roget, notaire à Châlons, le dernier jour d'aoust mil six cent soixante douze, damoiselle Madeleine RAULET, fille d'honoré seigneur Pierre RAULET, seigneur de Mutigny et autres lieux, et de défuncte Delle Jeanne DE JOYBERT, vivante son épouse, qui était ainsi sa cousine au 8e degré du côté paternel, et au 6e seulement, du côté de Louise Truc la grand'mère de son mari, (de Dumast) et voir aussi (p. 50).

Hierosme DE JOYBERT eut de Madeleine RAULET un fils : Pierre qui suit (XI), et aussi une fille *** qui mourut en bas-âge à Aulnay, le 29 septembre 1675, ayant de 13 à 14 mois. Madeleine Raulet mourut à la fin de 1682, ou au commencement de 1683 ; puisque c'est encore à son nom comme héritière de son père, que son mari accorda, le 6 novembre 1682, le bail dont il a été parlé plus haut.

Jérôme DE JOYBERT épousa en secondes noces le 22 juillet 1686, à Vitry-le-François, honnorée Dame Marie GROSSETESTE, veuve de M. Pierre Le Blanc, écuyer, seigneur de Briconte, Arrigny et autres lieux, conseiller du Roy, président et lieutenant général au bailliage et siège présidial de Vitry-le-François, et dans l'acte de ce second mariage, il est ainsi qualifié : « chevalier, seigneur d'Aulnay-le-Chastel, vicomte d'Ardeüil, seigneur de la Justice haute et moïenne des Gretz, et seigneur féodal d'une partie des dixmes de Sommièvre, d'une partie des terres de Soulanges, Pringy, la Chaussée, mouvantes en arrière-fief de la baronnie d'Aulnay,

commandant les gentils hommes du baillage de Chaalons pour le service du Roy notre Sire, en Allemagne, de la paroisse d'Aulnay-le-Chastel ».

Il n'eut pas d'enfant de ce second mariage, et mourut à Aulnay, le 13 décembre 1690, âgé d'environ 47 ans, (ce qui le ferait naître vers 1643); et il y fut inhumé le lendemain dans l'église. Il laissa à sa mort beaucoup de dettes, et une situation fort embrouillée que son fils Pierre, qui n'était pas encore majeur, n'accepta que sous bénéfice d'inventaire. La terre d'Aulnay fut saisie et affichée, et Marie GROSSETESTE sa veuve, tant pour sortir de la situation délicate où elle se trouvait vis-à-vis de son beau-fils, que pour liquider ses propres, ainsi que les douaire, préciputs et indemnités stipulés par son contrat de mariage, (que son beau-fils voulait faire réduire), fit proposer par offres qui furent faites, les 25 février et 29 mars 1693, de la reprendre pour 50.000 livres. Philippe DE BAR, tuteur de Pierre DE JOYBERT, réunit alors tous les parents de celui-ci, le 23 avril 1694, par-devant Me J. B. de Pinteville-Beaugency, lieutenant-général et commissaire-examinateur au bailliage et siège présidial de Châlons, pour avoir leur opinion sur cette question : à l'unanimité, ils furent d'avis d'accepter les offres de Marie GROSSETESTE, qui se fit adjuger la terre d'Aulnay, par-devant la même juridiction, le 14 décembre 1694 ; puis, par un compromis passé le 10 juillet 1695, devant Chapperon, notaire à Vitry-le-François, elle fit échange de ladite terre, avec François DE NAPPIERS mari d'Anne GROSSETESTE, sa sœur, contre deux fermes scizes au finage d'Etrepy (1) et cet échange fut ratifié par acte authentique, réalisé par le ministère du même notaire le 23 janvier 1698, (de Dumast).

X. b. Philippe qui continue la descendance, et dont l'article vient plus loin, (p. 19).

X. c. Jaques DE JOYBERT, 3e fils de Jacques et de Damelle Madelène D'ETZ, était en 1668, enseigne au Régiment de la Reyne, où servait comme capitaine son frère Philippe, il mourut à Aulnay le 27 septembre 1675, et fut inhumé le lendemain dans l'église.

X. d. Louise de Joybert naquit et fut baptisée à Aulnay, le jour de l'Ascension de l'année 1646 ; son parrain était : Mre Philippe DE LA PIERRE, Ecuyer ; et sa marraine fut : damoiselle Louyse GOURLIER. Elle fut religieuse à Sainte-Menehould, et le 19 janvier 1685, elle était marraine à Villers, de Louise fille de son frère Philippe.

---

(1) Etrepy, canton et arrondissement de Vitry-le-François (Marne).

HULLON :

«

Il n'a été découvert aucun renseignement, concernant la famille HULLON, que ce qui suit et qui est de minime importance, à savoir que en 1757, un sieur Hullon (ou Husson) de Vitry ; avait une portion de seigneurie dans les Landes hautes et basses, hameau de la paroisse de Saint-Remy scis dans les bois, près ceux de la baronnie de Larzicour * dont relève ce fief ou hameau, (Vaverai : p. 287).

* La baronnie de Larzicourt membre du Duché de Montmorency appartenait à M. le Duc de Piney-Luxembourg.

X. e. Madeleine DE JOYBERT qui fut le dernier enfant de Jaques et de Dam[lle] Madelène D'ETZ, naquit le 4 novembre 1648, et fut baptisée le même jour. Son parrain était : messire François LE LIEUR et sa marraine damoiselle Magdeleine LANISSON. Elle fut religieuse comme sa sœur, et entra au couvent de Sainte-Marie à Châlons ; elle était supérieure de la maison de son ordre à Sainte-Menehould, lorsqu'elle fut marraine le 18 octobre 1720, de sa petite-nièce Madeleine-Louise, fille de Jérôme-Philippe son neveu, et de D[elle] ANTHOINE de Bussy ; le parrain était : messire Jean-Baptiste, Philippe DE JOYBERT frère de l'enfant. — « La maraine étant absente par ce moyen n'a pu signer, dit l'acte de baptême. François Martin, laboureur demeurant à Villers, signa pour le parrain et Jeanne Replet pour la marraine. (Archives : C[on] 2 ; A ; n° 15).

Elle mourut avant le 17 février 1723, puisque c'est à ce moment qu'eut lieu entre ses neveux et nièces, le partage de sa succession.

XI.

XI. Pierre DE JOYBERT, chevalier, seigneur d'Aulnay (jusqu'à la mort de son père), de Mutigny (1), Soulaines (2), et autres lieux, naquit à une date qui n'a pu être retrouvée. En 1694, il se qualifiait : « Chevalier, Seigneur de Coullemiers, Mutigny, et la Chaussée, Lieutenant au Régiment de Nice ». On voit dans l'acte du 23 avril relaté plus haut, (Réunion de ses parents en conseil de famille), qu'il cherchait à acheter une compagnie, mais, à cause de la succession si obérée de son père, il manquait des fonds nécessaires, et on ignore s'il put atteindre ce but. Il épousa à Vitry-le-François, le 20 août 1701, Dam[elle] Suzanne HULLON, fille de Simon-Pierre HULLON, seigneur des Landes (3), dont il n'eut pas d'enfant. Sa femme fut marraine à Villers, le 5 septembre 1705, de Philippe AUBELIN fils de Jean et de Marguerite DE JOYBERT, sa cousine-germaine. C'est lui qui en 1698, posa le 22 may une des pierres d'angle, du nouveau château de Villers-sur-Marne, que faisait bâtir son oncle Philippe, (de Dumast). — Il mourut à Vitry, le 8 septembre 1713, dernier rejeton de la branche aînée de la famille DE JOYBERT, et le partage de sa succession se fit à Vitry, le 10 juillet 1718, entre ses héritiers qui étaient : Messires Jérôme-Philippe et Joseph DE JOYBERT (ses cousins-germains) ainsi que Dame Marguerite DE JOYBERT, épouse de Jean AUBELIN (sœur des précédents, sa cousine-germaine par conséquent) ; et Messires et Dames Pierre et Louis DE MERTRUS, dam[lle] Magdeleine DE MERTRUS veuve de Jacques PARCHAPPE, et Louise DE MERTRUS femme de Jean-Baptiste DE C . . . EAU, seigneur de . . alourdes. — C'est son oncle Philippe dont l'article vient ci-après qui continua la descendance.

---

(1) Mutigny ; dépendance annexe de la Chaussée, arrondissement de Vitry-le-François (Marne).

(2) Soulaines ; aujourd'hui chef-lieu de canton, arrondissement de Bar-sur-Aube (Aube).

(3) Les Landes ; fief écart de Saint-Remy-en-Bouzemont, arrondissement de Vitry-le-François (Marne).

Branche dite : DE VILLERS, qui devint branche aînée en 1713, lors de l'extinction de celle-ci, par la mort de Pierre DE JOYBERT, son dernier rejeton : ses membres étaient seigneurs de : Ardeüil, Grivi, Loisie, Vonc, Couvrot, Villers-sur-Marne, etc......

X.

X. b. Philippe DE JOYBERT, chevalier, seigneur d'Ardeüil (1), second fils de Jaques et de Madeleine D'ETZ, naquit à Aulnay le 8 mars 1645, et fut baptisé le 29 dans l'église dudit Aulnay. Il eut pour parrain : Messire DE LA TOUR DE CUY son grand'oncle, et sa marraine était Dame Marie d'ETZ, femme de Messire Salomon DE ROUCY, seigneur de Manre, sœur de sa mère : « Il servait en qualité de l'un des mousquetaires à cheval de la Garde du Roy, dans la compagnie de Edmond-François Colbert, marquis de Vandières, capitaine-lieutenant de cette compagnie, où il servit sans discontinuer pendant cinq années, tant en Hollande qu'en Flandre, et reçut comme récompense de ses services, une compagnie de nouvelle levée dans le Régiment d'infanterie de la Reyne : et, en quittant la compagnie de mousquetaires à cheval où il servait, il reçut le 2 décembre 1667, un certificat de loyaux services, certificat qui ne lui fut toutefois délivré, qu'après qu'il eut reçu sa commission de capitaine, dont le brevet fut établi à Paris le 20 novembre 1667. Il ne prit cependant le commandement effectif de la Cie dont il avait été nommé titulaire, dans le Régiment d'infanterie de la Reyne, que le 8 janvier 1671, sur la démission du capitaine de Luis » (Preuves de 1773) ; et le conserva jusqu'au mois de janvier 1689, époque à laquelle il fut nommé Lieutenant-Colonel, du régiment de milice qui était mis sur pied sous la charge du Baron de Moulins.

Le 15 mars 1689, il recevait ordre du Roy de passer « incessamment » en la même qualité, au Régiment de Joyeuse-Grandpré : mais le brevet définitif à ce sujet, portant la signature du Roy, n'était établi à Versailles que le 16 avril 1689 : (Archives : Con B ; 1 ; 6 pièces) ; et ce changement ne laissa pas que de le contrarier assez vivement, ainsi qu'en témoigne une lettre écrite par lui le 7 ou le 9 avril 1689, et qui est venue jusqu'à nous (Archives : Ibidem ; n° 7). Le 19 avril 1675, il avait donné au Roy dénombrement de la terre d'Ardeüil.

Philippe avait épousé : « du consentement de son père, le 1er février 1677, suivant contrat du 25 janvier (Archives : Con A ; 4 ; 1 pièce) ; et en vertu d'une dispense de N. S. Père le Pape INNOCENT XI, dont ils avaient eu besoin pour les degrés de consanguinité » (2). (Pr. de 1773 ; et Archives : Con 2 ; A ; n° 15).

---

(1) Ardeüil, arrondissement de Sainte-Menehould (Marne).

(2) Apoline Cauchon bisaïeule paternelle de Philippe, avait une sœur : Agnetz ; qui avait épousé Regnault Feret, bisaïeul maternel de Claude Linage qu'épousait Philippe. (Pierres tombales ; 281 p. 144).

LINAGE : « de Gueules, au sautoir engreslé d'or, cantonné de 4 fleurs de lys du même ».

La famille LIGNAGE ou LINAGE, fit les preuves de sa noblesse par-devant Mgr de Caumartin, en juillet 1668, avec production de titres remontant seulement à 1439, bien qu'on voie dans les registres des comptes de la ville de Rheims, que Jesson LINAGE, fut député le 23 janvier 1361, avec Olivier d'Anson pour aller en Angleterre, servir d'otage de la rançon du Roy Jean : (Caumartin : Preuves de Linage) Cette famille occupait une place considérable en Champagne, où elle a fourni un grand nombre de branches : elle avait pour chef en 1440, Guiot LIGNAGE qui fut gouverneur municipal de Châlons en 1447, puis fut élu lieutenant de ville, à cause de ses beaux états de services à l'armée. (Armorial ; p. 19). Le nom de Pierre LIGNAGE figure également aux roolles de juillet 1597 (Armorial ; p. 30) ; et ceux de Claude et Louis LIGNAGE sur ceux de 1622 (Ibidem ; p. 33). Les 15 décembre 15 . . , et . . avril 15 . . , M. de Villers (*** Linage) recevait successivement du Roy Henry IV deux permissions de chasser et porter arquebuze de chasse : de ces deux permissions toutes deux signées de la main du Roy, l'une était donnée à Paris, et l'autre à Fontainebleau.

— Damoiselle Claude LINAGE, fille de feu Messire François LINAGE, escuier, etc... appartenait donc ainsi, à l'une des familles champenoises les plus illustres, et les mieux apparentées. Son père François LINAGE était neveu à la mode de Bretagne, de Louise LINAGE femme de Ezéchiel DE LA VEUVE ; dont la petite-fille Louise épousa Antoine DE BEAUVEAU. Il était né de ce mariage une fille : Antoinette DE BEAUVEAU, qui de son mariage avec Charles DU HAMEL eut entre autres enfants, une fille : Jeanne DU HAMEL qui fut reçue le 18 novembre 1675, Dame chanoinesse de Remiremont. (Biblioth. de Nancy ; mnst. 48 — arbres de lignes des Dames de Remiremont). Madame Philippe DE JOYBERT se trouvait par là, être la cousine au VIIe degré d'Antoine DE BEAUVEAU gendre de Louis LINAGE ; et Marie LINAGE femme de Michel DE JOYBERT (voir à la page 55), était cousine issue de germains dudit Antoine DE BEAUVEAU, et cousine au VIIIe degré de Jeanne DU HAMEL, Dame de Remiremont, (de Dumast).

Noble Dame Marguerite FERET, Dame de Villers et autres lieux, veuve de feu Messire François LINAGE mourut à Villers, et y fut enterrée dans l'église le 13 octobre 1693, par le P. Brusson récollet du couvent de Vitry-le François.

Damoiselle Claude LINAGE sa cousine au IIIe degré, fille de Messire François LINAGE, Ecuyer, Seigneur de Villers-sur-Marne, et de Dame Marguerite FERET son épouse.

Le 29 mars 1678, Philippe « est qualifié Seigneur d'Ardeüil et de Villers-sur-Marne, dans le partage noble qu'il fit avec son frère aîné Jérôme, suivant acte fait et passé devant Mes Robin et son confrère, notaires à Vitri, des biens qui leur avaient été abandonnés par Jaques DE JOIBERT leur père, Seigneur d'Aunay, Grivy, Loisie, Condé-sur-Oësne, Vonc, Vrizy et Ardeüil, et de ceux qui leur appartenaient par le décès de Dame Madeleine D'ETZ son épouse, leur mère ». (Pr. de 1773).

Le 9 décembre 1682, il rendait foy et hommage au Roy, (Archives : C[on] I ; F ; n° 7) ; des 3/4 de la terre et seigneurie de Villers qui lui appartenaient, à cause de la Dame Claude LINAGE, son épouse, et relevantes de S. M[té] à cause de son château de Vitri ; il est qualifié dans cette circonstance de : chevalier, seigneur d'Ardeüil, Grivy, Loisie, Vrizy, Vonc, Couvrot et de Villers-sur-Marne, puis, le 10 janvier 1683 il donnait au Roy, dénombrement de la terre et seigneurie de Villers, à cause de son château de Vitry.

Il s'était fixé dans la baronie de Villers dépendant de la paroisse de Couvrot, que lui avait apportée en dot Claude LINAGE sa femme, et fut ainsi la souche de la branche dite : de Villers, qui devint branche aînée à l'extinction de celle d'Aulnay, arrivée lors du décès sans hoirs, le 9 septembre 1713 de son neveu Pierre (v. p. 18) ; et qui subsiste encore aujourd'hui (1900).

« Le vendredy 2 may 1692, Claude LINAGE mourait à Villers aagée d'environ 36 ans, et elle fut inhumée le lendemain dans l'église ». Philippe son mari était à ce moment à l'armée, en Italie, et malgré cela cependant, il fut nommé le 24 novembre 1693, par sentence rendue aux bailliage et siège présidial de Vitry-le-François, tuteur et gardien noble des personnes et biens de : Jérôme-Philippe, Joseph, Nicolas, Marguerite et Marie-Madeleine DE JOYBERT, ses enfants mineurs, héritiers de Dame Marguerite FERET, veuve de feu Messire François LINAGE, vivant chevalier seigneur de Villers-sur-Marne, leur aïeule décédée le 12 octobre 1693, et inhumée le 13 dans l'église de Villers. (Archives: C[on] I ; F ; 15, 16, 18 ; et C[on] 2 ; A ; 15).

— En 1698, Philippe rebâtit le château de Villers, démoli depuis, et dont il ne reste plus que un petit pavillon, dans lequel subsiste encore une belle plaque de cheminée (1), aux armes accolées des Joybert et des Linage, dans un seul écu surmonté d'une couronne de marquis, et deux pierres d'angle, sur l'une desquelles on lit : « Marie-Madeleine de Joybert, aagée de 12 ans, fille de

(1) Une plaque pareille à celle mentionnée ci-dessus, et provenant également du château de Villers, est conservée aujourd'hui chez le Comte de Joybert, chef actuel de la famille, au château de Cuiry-les-Iviers (Aisne).

[illegible] Maître François [illegible]

[illegible] Vilgier [illegible] des biens [illegible] Seigneur [illegible] de cens [illegible]

[illegible] appartenaient [illegible] dernier [illegible] Villers-au-Bois [illegible] la terre [illegible]

[illegible] de la paroisse de Courcelles [illegible]

[illegible]

Philippe DE JOYBERT, Ecuyer, Seigneur d'Ardeüil, Villers et autres lieux, Lieutenant-Colonel au régiment de Joyeuse-Grandpré, a posé cette pierre le 22 may 1698 ». — et sur l'autre — « Pierre DE JOYBERT, Ecuyer, Seigneur de Mutigny et autres lieux, m'a posée le 22 may 1698 ». Chacune de ces inscriptions est surmontée d'un écusson ovale, aux armes des JOYBERT. Sur la gauche de l'endroit où existait le château, en tournant le dos à la Marne, subsiste encore entourée de noyers séculaires, une petite chapelle (1), sous le pavé de laquelle on retrouverait certainement les tombes des JOYBERT, qui y ont été presque tous enterrés, de 1677 à 1790, (de Dumast).

Le 20 octobre 1701, Philippe dressait un état des biens paternels et maternels, de la maison de Villers, appartenant à Messire Philippe DE JOYBERT, Seigneur d'Ardeüil demeurant audit Villers, survivant Claude LINAGE sa femme, et en tête de cette énonciation il déclare : « qu'il trouva à son retour de la campagne d'Italie, où il servait le Roy en qualité de Lieutenant-Colonel, commandant le régiment de Grandpré, à Suse, son épouse morte lui laissant cinq enfants, scavoir : Jérôme-Philippe à ce moment bachelier en Sorbonne, Joseph DE JOIBERT, Nicolas DE JOIBERT, Marguerite DE JOIBERT et Marie-Madeleine DE JOIBERT à ce moment postulante pour entrer religieuse dans le couvent des filles de Sainte-Marie, ordre de Saint-Augustin, à Chaalons », et il ajoute : « qu'à son retour, il y avait 10 ans qu'il était absent, à cause de la durée de la dernière guerre ».

En 1704, Philippe commandait encore le régiment de milices de Champagne ; et il mourut le 10e jour d'avril 1708, à 10 heures du matin « en son château de Villers, aagé de 63 ans et 24 jour. » Il fut inhumé le lendemain dans l'église de Villers, et le partage des biens de sa succession, eut lieu les 6 juillet et 9 septembre suivants.

Du mariage de Mre Philippe DE JOYBERT, avec damoiselle Claude LINAGE, il était né huit enfants :

XI. **a.** Alexandre-Charles, né à Villers le 4, baptisé le 6, mort le 27 septembre 1677.

b. Jérôme-Philippe, né à Villers le 4 juillet 1679. C'est lui qui suit la descendance, (voir ci-après, p. 22).

c. Marguerite-Madeleine, née à Villers le 2 août, morte à Aulnay le 26 octobre 1680.

d. Marguerite-Blanche, née à Villers le 16 novembre 1681, (voir ci-après, p. 24).

e. Louise, née à Villers le 19 janvier 1685 ; morte aussi à Villers, le 1er mars suivant.

f. Marie-Madeleine, née à Villers le 5 septembre 1686, (p. 26).

g. Joseph, né à Villers le 1er janvier 1688, (voir plus loin, p. 26).

h. Nicolas, né à Villers le 5 juin 1689, (voir plus loin, p. 26).

Mais de ces huit enfants, cinq seulement ont vécu, (**b**, **d**, **f**, **g**, **h**).

---

(1) Voir pièces justificatives : p. 80 r°.

X. c. Jacques DE JOYBERT 3e fils de Jaques et de Delle Madeleine D'ETZ, était en 1668, enseigne au Régiment de la Reyne, dans lequel servait déjà son frère Philippe ; il mourut à Aulnay âgé d'environ 20 ans le 27 septembre 1675, et fut inhumé le lendemain dans l'église.

X. d. Louise DE JOYBERT, quatrième enfant et première fille de Jaques et de Delle Madeleine D'ETZ, naquit à Aulnay, où elle fut baptisée le 27 janvier 1647 ; elle eut pour marraine sa tante : « mademoiselle Louyse DE JOYBERT ». Elle fut religieuse à Sainte-Menehould, et le 19 janvier 1685 était marraine à Villers, de sa nièce : Louise, fille de son frère Philippe.

X. e. Madeleine DE JOYBERT fut le dernier enfant de Jaques et de Madelène D'ETZ : elle fut comme sa sœur religieuse à Sainte-Menehould, où elle était supérieure de la maison de son ordre, au moment où elle fut marraine de sa petite-nièce : Madelaine-Louise (fille de Jérôme-Philippe son neveu, et de delle ANTHOINE DE BUSSY), le 18 octobre 1720. Le parrain était : Messire Jean-Baptiste DE JOYBERT, frère aîné de l'enfant : François Martin laboureur à Villers, signa pour le parrain, et Jeanne Replet pour la marraine.

XI.

XI. b. Jérôme-Philippe DE JOYBERT, chevalier, seigneur de Villers, Couvrot, Loizy... etc... naquit à Villers le 4, et fut baptisé le 5 juillet 1679 : il avait pour parrain, Messire Jérôme DE JOYBERT, chever, seigneur d'Aulnay et autres lieux, son oncle ; et pour marraine : Noble Dame Marguerite FERET sa grand'mère. Claude LINAGE sa mère, étant décédée en 1692, il fut mis avec ses frères et sœurs, sous la tutelle et garde-noble de leur père. Entré d'abord dans les ordres, il était en 1698, clerc au diocèze de Chaalons ; et ayant été reçu bachelier en Sorbonne le 21 mars 1702, il se fit pourvoir en Cour de Rome, de la chapelle du château d'Aulnay, qui était vacante depuis le décès survenu en 1698, de Nicolas de la Haye qui avait été nommé à cette fonction, par Jaques DE JOYBERT son grand'père, en remplacement de Remy DE JOYBERT (v. D, IV ; VI ; p. 48) et sa nomination fut ratifiée par Mgr de Noailles, évêque de Châlons, le 1er juin 1699. Comme il n'était pas prêtre, il se faisait suppléer moyennant 50 livres par an, par le curé d'Ablancourt qui desservait ladite chapelle, mais se faisait appeler néanmoins : « Monsieur l'abbé de Villers ». N'ayant pas persisté dans sa vocation religieuse, il résigna en Cour de Rome, sa charge de chapelain de N.-D. d'Aulnay, au profit de son cousin Nicolas DEU, chanoine de Saint-Étienne de Châlons, qui en prit possession au mois de février 1705 : Cette chapelle jouissait alors de 200 livres de revenu, (de Dumast).

Les 6 juillet et 9 septembre 1708 : « il partagea les biens provenant de la succession de Mre Ph. DE JOYBERT, avec Jean AUBELIN, chever,

ANTHOINE :
« d'or, à trois Écrevisses de gueules posées en pal, 2 en chef et 1 en pointe ».

La famille ANTOINE ou ANTHOINE originaire de Champagne, et qui fit au mois d'octobre 1670, par-devant Mgr de Caumartin, les preuves de sa noblesse, sur production de titres remontant au 15 février 1547 ; s'était fixée dans le Barrois par le mariage de Pierre ANTHOINE, Lieutenant-général de la Gruerie de Bar, arrière-grand'père de Marguerite-Françoise qui épousa Jérôme-Philippe DE JOYBERT, avec D^elle^ Anne d'Alençon. Dom Pelletier dit que : « la naissance des ANTOINE est fort ancienne, et leur famille alliée à plusieurs maisons illustres, et entr'autres à la maison de Chaumont, qui tire son origine des anciens Comtes du Vexin ». (Armorial de Lorraine ; p. 28).

Devenu veuve de Jérôme-Philippe DE JOYBERT, en 1744, Marguerite-Françoise se remaria avant le 3 juin 1746, avec Mre Louis-Antoine, Comte du BOURDIN (*), Seigneur de Chapeleines, Le-Chétif, vivant chever, ancien capitaine dans le régiment de la Reyne, dont elle n'eut pas d'enfant, et qui dut mourir d'ailleurs peu après ce mariage, puisque en 1750, nous trouvons Marguerite-Françoise remariée en 3es noces, avec Messire Nicolas ANTHOINE, Chevalier, Seigneur d'Orconte, son cousin probablement ; et ils résidaient à

(*) La terre de Chapeleines le Chétif appartenait à Mr Antoine Bourdin, marquis de Velleinnes, gouverneur de Vitry-le-François et après sa mort elle passa à Mr Bourdin de Monsur, gentilhomme de Picardie, parent très-éloigné. (Vaverai : p. 97).

seigneur de Villers-aux-Bois, à cause de noble dame Marguerite de Joybert, son épouse ; Joseph DE JOYBERT, chever, seigneur de Vrizy, lieutenant au régiment de Navarre, émancipé par justice ; et Nicolas DE JOYBERT, seigneur de Loizy, lieutenant au régiment du Perche, aussy émancipé par justice, en présence et avec l'assistance de Mre François FERET, chever, seigneur de Varimont et autres lieux, curateur créé auxdits Joseph et Nicolas DE JOYBERT » — et dans ce partage, il eut dans son lot la terre et seigneurie de Villers-sur-Marne. La ratification de ce partage par les divers intéressés, n'eut toutefois lieu que les 25 janvier, et 5 février 1713, et comme à ce moment, Nicolas l'un des co-partageants de 1708, était mort sans laisser de postérité (1709), ses cohéritiers se partagèrent les biens qu'il avait délaissés, de même que ceux provenant de la succession de Marie-Madeleine DE JOYBERT, leur tante aussi décédée religieuse au Couvent de Sainte-Marie, à Châlons, (v. p. 22).

En 1718, Jérôme-Philippe partageait encore les biens de la succession de Messire Pierre DE JOYBERT, son cousin-germain, dernier rejeton de la branche aînée, décédé sans hoirs le 8 septembre 1713 ; conjointement avec Mre Joseph DE JOYBERT, chever, seigneur de Vrizy, et Dame Marguerite DE JOYBERT, veuve de Mre Jean AUBELIN, chever, seigneur de Villers-aux-Bois, ses frère et sœur ; ainsi que avec Mre Pierre DE MERTRUS, écuyer, seigneur de Domprot et autres lieux ; dame Madelaine DE MERTRUS, veuve de Mre Jean PARCHAPPE, vivant écuyer, seigneur de Soulanges ; et dame Louise DE MERTRUS, veuve de deffunt Jean-Baptiste DE C... MEAU, escuyer, seigneur de Falourdes, (aussi cousins-germains de Pierre DE JOYBERT du côté de sa mère).

« Il fit hommage au Roy, le 22 juillet 1711 et le 4 décembre 1722, de la terre et seigneurie qui lui étaient échuës par le décès de ses père et mère, et il en donna le dénombrement le 1er octobre 1733 : et avait partagé noblement avec la damlle sa sœur, les biens de la succession de Messire Joseph DE JOYBERT, leur frère, chevalier, seigneur de Vrizy ». (Pr. de 1773). — Bien que Joseph DE JOYBERT fût décédé, le 19 octobre 1726, il ne fut procédé que le 23 février 1728 à ce partage, en vertu duquel : « Hiérosme-Philippe devait succéder seul, à tous les biens en fiefs, et sa sœur prenait seulement part dans ceux de roture, la totalité des premiers, étant évaluée à 24.000 livres ; et les autres à 8.200 ».

Le 27 janvier 1730, il rendait foy-homage à Messire François Picot, marquis de Dampierre, baron de Sompuis... etc.... suzerain de la terre de Loisy-sur-Marne et dépendances, à cause de l'acquisition de portions dans ladite terre, faite par lui de demoiselle Louise du Moulinet ; et au cours de la même année 1730, il était conjointement avec Messire Armand du Valk, comte de Dampierre, engagiste du bois de Baudres, sis sur le finage d'Osne-le-Val (1), du consentement de Son Altesse Sérénissime, Monseigneur le Duc d'Orléans,

(1) Osne-le-Val, canton de Chevillon, arrondissement de Vassy (Haute-Marne) : et voir aux additions : p. 79 v°.

Saint-Dizier, où le 6 août 1750, elle avait à soutenir conjointement avec sa sœur : Dame Pierre-Françoise ANTHOINE, épouse de Messire Alexandre DE PESCHARD, écuyer, baron de la Vallée, une revendication exercée contre elles, par Dame Catherine d'Antigny, veuve du Sr Jean Bautenet, au sujet de la succession de leur père, dont elles contestaient les engagements. (Archives : C[on] 2 ; A ; n° 16).

Antérieurement déjà, à partir du 27 août 1744, elle avait eu à soutenir une action que lui intentaient, Jean-Baptiste-Philippe son fils et ses trois filles survivantes, qui pour la circonstance avaient été émancipées en justice ; et agissaient sous l'autorité de Messire Jean-Baptiste-Philippe leur frère, et de Messire Charles-François de Ferette (sic) chever, seigneur de Varimont leur curateur, à l'occasion de ses reprises, et de celles qu'elle prétendait exercer contre eux. (Archives : C[on] 2 ; C ; n° 3, 4 et 5). On est fondé à croire toutefois, que son 3e mariage n'eut lieu qu'à la fin de 1750, d'après ce fait que : l'Exploit de citation qu'elle recevait en date du 6 août 1750 porte : — « .... veuve en 2es noces de .... elle demeurante à Saint-Dizier », — tandis que Messire Nicolas ANTHOINE, chever, seigneur d'Orconte, son troisième mari, n'est lui-même assigné pour répondre au nom de sa femme, que le 9 janvier 1751.

Le lieu exact de sa mort n'a pu être déterminé, mais il est à croire cependant, que ce fut à Saint-Dizier, où elle résidait avec Nicolas ANTHOINE, chever, seigneur d'Orconte et de Pensée, qu'elle mourut au mois de juin 1760 ; ainsi d'ailleurs que le mentionne une pièce de la procédure pendante à ce moment, au sujet du testament et de la succession de feuë la Dame Broullier, sa mère, veuve de Nicolas Anthoine, seigneur de Bussy, qui était morte en 1759, faisant en faveur de ses petits-enfants des dispositions testamentaires, qui rallumèrent la querelle ouverte dès 1744 ; et qui continua cette fois, entre Jean-Baptiste-Philippe et ses sœurs. (Archives : C[on] 2 ; C ; n°s 6 à 18).

AUBELIN :

« d'azur, au chevron d'argent accompagné en chef de 2 Étoiles d'or, et en

Pour ce qui concerne la famille AUBELIN, voir plus haut p. 12 verso .... et encore : .... Geoffroy AUBELIN, sieur de Villereau, issu des maisons de Rambert et des Tournelles, en Orléanais au XIVe siècle, fut le premier auteur connu du nom.

Jean II AUBELIN, sieur de Voulzy, fut bailli d'Epernay, et cette charge fut

premier Prince du sang ; et le 3 juillet 1737, il procédait à un partage amiable, avec MM^rs Jacobé (de Couvrot), de Torcy, Dupuis (de Poivre), et Duchesne (de Courcy ?) ; d'immeubles sis à (Archives : C^on 2 ; A ; 12, 13, 14).

Jérôme-Philippe avait épousé après contrat fait et passé à Bar, le 22 mars 1714, et religieusement le lendemain 23, en l'église N.-D. de Bar, suivant l'acte qui en fut délivré par Jean-Baptiste Champion, prêtre et vicaire de la ville de Bar, dont le Baron de Lenoncourt certifie la signature, et sur lequel il fit apposer le sceau du Bailliage ; (Archives : C^on A ; 5 ; et C^on 2 ; A ; 1 et 2) Damoiselle Agatte ou Margueritte-Françoise ANTHOINE de Bussy, fille de feu Messire Nicolas ANTHOINE, vivant écuyer, seigneur de Bussy-aux-Bois, Toulongeon, Pansey et de la Tour de Longeville ; et de Dame Marguerite-Françoise BROULLIER son épouse, dont le père : Pierre BROULLIER, fut prévôt de Bar ; c'est par cette alliance que le château et la terre de Bussy-aux-Bois, entrèrent dans les propriétés de la famille de Joybert, qui les possède encore aujourd'hui (1900).

Jérôme-Philippe mourut âgé d'environ 65 ans, le 24 avril 1744, à Vitry « où il faisait sa résidence » — (acte de décès) et son corps fut transporté le jour même à Villers, — « pour y être inhumé avec ses illustres ancêtres » — (Ibid.). De son mariage avec D^elle Marguerite-Françoise ANTHOINE de Bussy, avait eu sept enfants :

XII. a. Jean-Baptiste-Philippe, né à Villers le 10 février 1715, qui suit la descendance.

b. Laurent-Jérôme, né à Villers le 26 et mort le 31 mars 1717.

c. Charles, né à Villers le 27 avril 1718, mort au même lieu le 11 mai 1722.

d. Gabrielle-Françoise, née à Villers le 27 août 1719.

e. Magdelaine-Louise, née à Villers le 18 octobre 1720.

f. Marie-Marguerite-Françoise, née à Villers le 2 août 1723.

g. Marie-Madeleine-Claude, née à Villers le 15 mars 1725.

XI. d. Marguerite-Blanche naquit à Villers le 16 novembre 1681, et elle y fut baptisée le suivant ; son parrain était : Mre René FERET, chever, seigneur de Brionne et autres lieux, cousin-germain de sa mère, et sa marraine : Noble Dame Marguerite LINAGE, dame de Lisle-en-Rigaut, Loysie et autres lieux. Baptisée sous le seul prénom de : Marguerite, on la voit nommée — « Marguerite-Blanche DE JOYBERT d'Ardeüil et de Villers » — dans deux

pointe, d'une tête de cerf aussi d'or ».

exercée successivement par ses descendants, pendant cinq générations. Elle forma les branches de : Cuperly, de Nuisement et de Villers-aux-Bois ; et contracta des alliances avec les familles : de Mouriller, du Cerf, de Marisy, de Lambesson, de Paris, de Roucy, Gruyer, L'Hoste, Linage, d'Aoust, Pouguière, de Joybert. — Elle avait obtenu le 11 avril 1587, de la Cour des Aydes, un arrêt recognitif de sa noblesse. (Sommaires du procès-verbal de la noblesse en Champagne, fait par Mgr de Caumartin. — Paris. Auguste Aubry, libraire de la Société des Bibliophiles français. 1877).

On voit aussi dès le 10 juillet 1597, le nom de Nicolas et de Claude AUBELIN, et plus tard en 1622, celui de Jacques AUBELIN, figurer aux rooles des Gentils hommes possédant fiefs aux bailliages de Châlons, Sens,... etc.... (Armorial ; p. 29, 32, 36).

De ce mariage de Marguerite-Blanche DE JOYBERT avec Mre Jean-Baptiste Aubelin de Nuisement, seigneur de Villers-aux-Bois, sont descendus les AUBELIN DE VILLERS, dont un membre : Jérôme-Marie, était chevalier de Saint-Louis en 1789 ; et dont une des descendantes, Melle Marie AUBELIN DE VILLERS fille de M[r] DE VILLERS et de Melle DE RAIMOND épousa le baron Ch. SECONDAT DE MONTESQUIEU, à Paris, en 1856. (Pierres tombales ; n° 467 p. 257 ; et Armorial ; p. 4.

actes des 19 juin 1695, et 3 septembre 1703. Elle épousa le 29 novembre 1704, à Villers, Messire Jean-Caliàs (Jean-Baptiste) AUBELIN de Nuisement, écuyer, seigneur de Villers-aux-Bois, y demeurant, fils de Messire Jacques AUBELIN et de feuë Noble Dame Marie POUGUIÈRE ; il était neveu de Claude AUBELIN, mari de D[elle] Madeleine DE JOYBERT (v. p. 13), grand'tante de Marguerite-Blanche, et de cette union naquit un fils : Philippe. Étant devenue veuve, dès le mois de mars 1717, Marguerite-Blanche se retira à Châlons au monastère des religieuses de Saint-Joseph (de Dumast). Elle devint même à un moment, supérieure de cette communauté, à en juger d'après un portrait d'elle venu jusqu'à nous, où elle est revêtue de l'habit religieux, ayant à côté d'elle une crosse, insigne de sa dignité. Ce portrait est celui qui avait été fait d'elle, avant son veuvage, et dont après son entrée en religion, les atours avaient été recouverts du costume monastique. C'est là qu'elle mourut, et elle fut inhumée dans l'église du Couvent. Sur sa tombe, ornée d'un écusson aux armes des AUBELIN, on lisait : « Cy gist Dame Marguerite DE JOYBERT, veuve de Jean AUBELIN, seigneur de Villers-aux-Bois, qui décéda en ce monastère, le 30e de novembre 1760. Priez Dieu pour elle ». — Cette pierre fut posée par Philippe AUBELIN son fils. (Pierres tombales ; p. 257).

Il y a une légère divergence, mais quant à la forme seulement, entre ce que l'on vient de lire ici, et les termes d'une note relevée parmi les papiers de feu le colonel Vicomte DE JOYBERT ; note qui indiquait d'abord, que Marguerite aurait été inhumée, non dans l'église du monastère des religieuses de Saint-Joseph, mais dans l'église Saint-Maur, (hospice de charité) ; et ensuite, que la fin de l'épitaphe était ainsi conçue : — « Hoc monumentum pietatis et grati animi erga matrem suam, posuit Philippus Aubelin ». Mais ce n'est là qu'une différence absolument insignifiante, et dans la forme seulement, la concordance au fond étant entière. Sur l'endroit exact où eut lieu la sépulture, un doute pourrait cependant encore être conçu, mais en ce cas l'ouvrage sur les Pierres tombales cité plus haut, ne permet pas qu'il subsiste ; puis encore, comme c'était vraisemblablement, les religieuses de Saint-Joseph, qui étaient chargées de donner les soins nécessaires aux malades, dans l'hospice de charité dont l'église Saint-Maur était la chapelle ; c'est sans nul doute ce qui aura amené cette double indication d'un même endroit, sous des noms différents.

Les 6 juillet et 9 septembre 1708, Marguerite-Blanche avait partagé avec ses frères, les biens de la succession de Philippe, leur père, et dans ce partage il lui était échu le 4e lot composé « des terres et seigneuries de Grivy et de Loisis ». — Plus tard en 1713, elle avait encore partagé avec Jérôme-Philippe et Joseph ses frères, les successions de Nicolas leur frère, et de Marie-Madeleine leur sœur ; et en 1718, avec Hiérosme-Philippe seul, celle de Pierre leur cousin-germain.

XI. e. Marie-Madeleine DE JOYBERT naquit à Villers le 5 septembre 1686 : à son baptême, elle eut pour parrain : Messire François FERET, chever, seigneur de Varimont, Brionne et autres lieux, cousin-germain de sa mère, et pour marraine : Madelaine DE JOYBERT femme de Mre LE DUC de Compertrix, sa grand'tante : on ne sait rien sur elle, sinon qu'elle posa le 22 may 1698, l'une des pierres d'angle du nouveau château de Villers, que faisait construire son père, (de Dumast).

Comme lorsque son père revint des guerres en Italie, où il était resté 10 ans, elle était — « postulante pour entrer religieuse, au Couvent des filles de Sainte-Marie ordre de Saint-Augustin, à Chaalons » il est à supposer qu'elle y fut religieuse jusqu'à sa mort.

XI. g. Joseph DE JOYBERT, chevalier, seigneur de Vrizy (1), naquit à Villers le 1er janvier 1688 ; il eut pour parrain à son baptême : Messire Jérosme-Philippe son frère, et pour marraine : delle Anne GÉRARD. Il était lieutenant au Régiment de Navarre, et resta célibataire. Les 6 juillet et 9 septembre 1708, il avait partagé avec ses cohéritiers, les biens de la succession de Philippe leur père, sous la tutelle et garde noble duquel il avait été placé, le 24 octobre 1693, après la mort survenue en 1692, de Claude LINAGE leur mère : et dans ce partage, il avait eu la terre et seigneurie de Couvrot, avec les fermes et héritages en dépendant, et le revenu de la terre et seigneurie de Vrizy, avec tous les droits seigneuriaux et les héritages et rivière dudit lieu ; et en 1713 (25 janvier et 3 février), il partagea encore avec son frère et sa sœur survivants, les successions de Nicolas et de Marie-Madeleine DE JOYBERT leurs frère et sœur à ce moment décédés ; mais il ne prit pas part en 1718, au partage de ce qu'avait laissé à son décès, sans hoirs, Pierre DE JOYBERT son cousin-germain.

Le 21 mai 1710, il exerçait une revendication contre Marie Le Noire veuve Chanoine, de Loizy, et pour cette circonstance, élisait domicile au château de Couvrot. En cette même année 1710, le Sr Antoine Jacquenet, avocat en parlement, était nommé curateur de ses biens, qui ne furent toutefois, partagés noblement par Jérôme-Philippe et « la demoiselle sa sœur, » (Pr. de 1773) ; que suivant acte du 23 février 1728, car il était mort à Paris à Saint-Lazare, le 19 octobre 1726.

XI. h. Nicolas DE JOYBERT né à Villers le 5 juin 1689 ; avait eu pour parrain à son baptême : Messire Nicolas DEU, prebtre chanoine de l'église cathédrale de Châlons, seigneur de Saint-Remy-sur-Bussy, cousin-germain de son père probablement, et pour marraine : Noble Dame Marie GROSTESTE, seconde femme de Jérôme DE JOYBERT, chever, seigneur d'Aulnay et autres lieux, sa tante. Il fut lieutenant au Régiment du Perche, et dut mourir dès 1709,

(1) Vrizy, arrondissement de Vouziers (Ardennes).

DE BEURGES :

« d'azur, au chevron d'or, accompagné en chef de 2 coquilles d'argent, et en pointe, d'un cygne de même ».

La famille DE BEURGES, d'origine et d'extraction lorraines, vint se fixer dans le Barrois près des confins de l'Élection de Vitry, où même elle possédait des fiefs : Le Buisson, Tournizet..... (Vaverai : p. 27) et elle figure aussi dans le Pouillié du Barrois où on voit p. 491, que en 1749, le seigneur haut-Justicier de Ville-sur-Saulx était Mre *** DE BEURGES, ancien capitaine dans le Régiment de M***, depuis de Mailly, chevalier de Saint-Louis ; ainsi que dans l'armorial de Lorraine, par Dom Pelletier, où on lit p. 55, que Jean DE BEURGES ou Burges demeurant à Nancy fut anobli par le Duc Jean II en 1464.

bien que le partage de ce qu'il avait délaissé, n'ait eu lieu qu'en 1713 : mais tous les biens de sa succession, n'avaient pas dû être partagés à ce moment, puisque le 20 juillet 1722, « il était rendu au baillage et Duché-pairie de Mazarin (1), un arrêt de saisie féodalle, contre ses héritiers, et une demande sentence de confiscation au profit de Mr le Duc de Mazarin, de la terre et seigneurie de Vonc », qui lui étaient échues lors du partage de 1708.

Aucun autre renseignement le concernant, n'a pu être découvert.

XII.

XII. a. Jean-Baptiste-Philippe DE JOYBERT, chever, seigneur de Villers-sur-Marne, Couvrot, Loizy, Tournizet et autres lieux, naquit au château de Villers le 10, et fut baptisé le 15 février 1715, en l'église dudit Villers dépendante de la paroisse de Couvrot ; il eut pour parrain : Messire Jean-Baptiste AUBELIN, chever, seigneur de Villers-aux-Bois, Loizy et autres lieux son grand'oncle ; et pour marraine : Noble dame Marguerite BROULLIER, femme de Nicolas ANTHOINE de Bussy, son aïeule maternelle.

« Il fut enseigne de la compagnie colonelle du régiment d'infanterie du prince DE PONS, (Archives : Cton B ; 2 ; 1 pièce) le 22 octobre 1739, puis épousa du consentement de ses père et mère, suivant contrat du 22 octobre 1736 (Archives : Cton A ; 6 ; 3 pièces) ; Damoizelle Thérèze DE BEURGES, fille de Mre Joseph DE BEURGES, chevalier, seigneur de Ville-sur-Saulx et du Buisson (2), et de Dame Anne PESCHART son épouse, Dame de Tournizet et d'Ambly, ses père et mère » (Preuves de 1773) ; et il était à cette occasion, assisté d'iceux, de Messire Nicolas ANTHOINE, chevallier, seigneur de Bussy-aux-Bois, Toulongeon, etc..... et d'honnorée Dame Marguerite BROULLIER son épouse, ses aïeulx, etc...., etc.... (Archives : Con A ; 6 ; 3 pièces).

La cérémonie religieuse eut lieu à Bar-le-Duc, le 23 octobre 1736, et dans l'acte de ce mariage, la mariée est ainsi qualifiée : « Delle Thérèze DE BEURGES de Vidampierre, fille de deffunt Messire Joseph DE BEURGES, vivant chevallier, seigneur de Ville-sur-Saulx, le Buisson, Tournizet, Ambly et autres lieux ».

Le 14 août 1738, Jean-Baptiste-Philippe partagea à Bar, avec les cohéritiers de Thérèze DE BEURGES sa femme, les biens provenant de la succession de : « deffunte Dame Anne PESCHART, veuve à son déceds de Mr DE BEURGES » (sa mère), et dans le 3e lot qui leur échut, était compris le bien de Tournizet, tant de fief que de roture, et cette propriété est toujours restée depuis, aux mains de ses descendants.

En 1744, à la suite de la mort de Jérôme-Philippe DE JOYBERT, commença entre lui, ses sœurs et leur mère, une longue série de difficultés, au sujet des reprises que celle-ci prétendait exercer, difficultés qui continuèrent

(1) Mazarin ; aujourd'hui Rethel, chef-lieu d'arrondissement (Ardennes).

(2) Ville-sur-Saulx et le Buisson ; alors Élection de Vitry ; aujourd'hui, Ville-sur-Saulx, canton d'Ancerville, arrondissement de Bar-le-Duc (Meuse). — Le Buisson, canton de Thiéblemont-Farémont, arrondissement de Vitry-le-François (Marne).

CASENEUVE :

entre son beau-frère de Cazeneuve, ses sœurs non mariées, et lui, après la mort survenue au mois de février 1759, de la Dame Broullier veuve de Nicolas Anthoine de Bussy, leur grand'mère, (Archives : C^on 2 ; G ; n°s 3 à 10) ; à raison des dispositions testamentaires qu'elle avait faites en leur faveur ; et qui n'étaient même pas encore aplanies, lors de sa mort survenue à Bar-le-Duc, le 25 mai 1764. Il fut inhumé à Bar-le-Duc dans l'église collégiale de Saint-Maxe qui fut détruite depuis à la Révolution. En 1756, il avait encore partagé avec les cohéritiers de Thérèse DE BEURGES sa femme, la succession de feuë Dame Jeanne DE BEURGES, vivante veuve du S^r d'Alençon, leur tante.

Théréze DE BEURGES restée veuve survécut à son mari jusqu'en 1788, année où elle mourut à Bar, et elle fut inhumée à côté de lui. Dans son acte de décès, elle est mentionnée âgée de 77 ans, ce qui la ferait naître vers 1710 ou 1711. Du mariage de Jean-Baptiste-Philippe DE JOYBERT avec Théréze DE BEURGES, il était né deux enfants : XIII. a. Alexandre-Philippe, né et baptisé à Villers, le 22 octobre 1737 ; il avait eu pour parrain : Messire Alexandre DE BEURGES, chever, seigneur de Ville-sur-Saulx, chevalier de l'O. R. et Mre de Saint-Louis, son oncle maternel, et pour marraine : Noble Dame Margueritte ou Agatte-Françoise ANTHOINE de Bussy, son aïeule paternelle. Il dut c'est à croire mourir en bas âge, car son frère né en 1740, et évidemment trop jeune pour entrer au service en 1753, prit ses noms et prénoms pour pouvoir obtenir à ce moment un brevet d'officier, (de Dumast). b. Jérôme-Antoine, né à Villers le 11, baptisé le 13 juin 1740, qui suit la descendance, et dont l'article vient plus loin (p. 30).

XII. d. Gabrielle-Françoise naquit à Villers le 25, et y fut baptisée le 27 août 1719 ; elle avait eu pour pourrain : Messire François FERET, chever, seigneur de Varimont, et pour marraine : Noble Dame Gabrielle DE BRIELLE, épouse de *** de Combles, seigneur de Plichancourt. (Archives : C^on 2 ; A ; n° 15).

Elle épousa après contrat du 9 mars 1761, Messire Jean-Pierre DE CAZENEUVE, chever, lieutenant de cavalerie au Régiment de Montcalm, en quartier à Saint-Mihiel, fils de deffunt Marc-Antoine de Cazeneuve, chever, seigneur de Sainsa et Carlat en partie au comté de Foix, et de Jeanne Tannière ses père et mère. Ce contrat avait été fait à Vitry, par-devant MM^es Jacquemart et Tisserant, notaires et tabellions roïaux aux baillage et prévosté de Vitry-le-François ; en la maison de ladite damoiselle future, et en présence de Messire Jean-Baptiste, Philippe frère de ladite future, de Dame Thérèze DE BEURGES son épouse, de dam^lle Madelaine-Louise DE JOYBERT de Loisy, de dam^lle Marie-Claude DE JOYBERT de Beaudroits ses sœurs, de Messire Jérôme-Antoine DE JOYBERT, chevalier, capitaine pour le service du Roy, dans le régiment de Talarû, etc...., etc..... Ils résidèrent d'abord à Vitry, puis au château de

Painsa, juridiction de Carlat, comté de Foix, sénéchaussée de Pamiers, et ensuite à Saint-Ybars, où il mourut en 1792, après avoir par son testament en date du 16 février 1770, institué Gabrielle-Françoise DE JOYBERT, sa femme dont il n'avait pas eu d'enfant, son héritière générale et universelle. Le lieu et la date de la mort de celle-ci n'ont pu être découverts.

XII. e. Madeleine-Louise DE JOYBERT, dite : Mademoiselle de Loisy, naquit et fut baptisée à Villers, le 18 octobre 1720 ; elle avait eu pour parrain : Messire Jean-Baptiste, Philippe DE JOYBERT son frère aîné, et pour marraine « Noble Dame DE JOYBERT, supérieure religieuse de Sainte-Menou », sa grand'tante, (Archives : C^{on} 2 ; A ; n° 15). Elle ne se maria point, et figura comme : « Demoiselle, dame en partie de Loisy, sur la liste des nobles qui concoururent à la rédaction des cahiers pour les États-Généraux, à Vitry le 16 mars 1789 ». Elle mourut à Vitry, le 30 septembre 1791, (de Dumast).

XII. f. Marie-Marguerite-Françoise née à Villers, le 2 août 1723, y fut baptisée le 29 ; elle eut pour parrain : Messire Jean-Jacques D'EPINOY, chever, seigneur de Songy, Coole, Detremont et autres lieux, mestre de camp de cavalerie, gouverneur d'Aubanton ; et pour marraine : D^{elle} Françoise ANTHOINE sœur de sa mère (Archives : C^{on} 2 ; A ; n° 15). Elle mourut aussi à Villers, à une date qui n'a pu être précisée, mais antérieurement toutefois à 1743, car il est dit dans l'exposé des faits relatifs au litige soulevé par la mort et la succession de Jérôme-Philippe : « qu'il était mort en 1743, laissant quatre enfants qui étaient : Jean-Baptiste-Philippe de Joybert, Gabrielle-Françoise, Magdelaine-Louise et Marie-Claude », (de Dumast).

XII. g. Marie-Madeleine, Claude DE JOYBERT dite : Melle de Beaudroits, naquit et fut baptisée à Villers, le 15 mars 1725 ; elle fut nommée au baptême : Marie-Madeleine, Claude par Pierre Poisson et Claire Derozier, aux noms de Messire Philippe DE JOYBERT, et de noble Dame Claude LINAGE ses grand'père et grand'mère, (Archives : C^{on} 2 ; A ; n° 15). Le 3 mars 1761, elle partagea amiablement avec Gabrielle-Françoise et Madeleine-Louise, ses sœurs, les biens-fonds et contrats à elles échus par la succession de deffunt Messire Jérôme-Philippe DE JOYBERT, chevalier, seigneur de Villers-sur-Marne, leur père.

Elle figura comme sa sœur Madeleine-Louise, et avec les mêmes qualifications, sur la liste de la noblesse du baillage de Vitry-le-François, lors de l'élection aux États-Généraux de 1789, des députés des trois ordres. Le lieu et la date de sa mort sont restés ignorés, (de Dumast).

SALSE :
« d'azur, au lion d'or, armé lampassé et couronné de gueules ».

La famille DE SALSE, originaire de Catalogne, fit par-devant Mgr de Caumartin, au mois d'octobre 1667, les preuves de sa noblesse, avec production de titres remontant à 1515.

La branche de cette famille qui s'était fixée en Champagne est éteinte : il y en eut d'autres, dont la Chesnaye-Desbois donne une généalogie détaillée ; mais on ignore aujourd'hui, ce qu'elles ont pu devenir. La dernière du nom (pour la branche champenoise du moins), a été D[elle] Scholastique DE ROUYN, DE SALSE-D'APREMONT, qui habitait Metz où elle résidait rue des Récollets, et où elle mourut et fut inhumée en 186.. Les biens provenant de sa succession, furent partagés entre MM[rs] DE JOYBERT, petits-fils d'Anne-Charlotte qui était cousine-germaine de son père.

XIII.

XIII. Jérôme-Antoine DE JOYBERT, chevalier, seigneur de Villers-sur-Marne, second fils de Jean-Baptiste, Philippe, et de D[elle] Thérèze DE BEURGES, naquit au château de Villers le 11 juin 1740, et fut baptisé le 13 du même mois, en l'église paroissiale de Couvrot ; il était tenu sur les fonts baptismaux, par Messire Jérôme-Philippe, son aïeul paternel, et par dem[elle] Élizabeth DE BEURGES, sa tante maternelle. Il entra au service du Roy sous les prénoms de son frère Alexandre-Philippe, pour pouvoir obtenir un grade d'officier, ce qui ne lui eût pas été possible sans cela, à raison de son jeune âge, (de Dumast).

Il fut successivement, fait lieutenant de la compagnie de Villehault, dans le régiment d'infanterie de M. le marquis de Mailly, le 20 septembre 1753, eut ordre du Roy le 9 octobre 1754 de passer avec la même charge de lieutenant, dans la compagnie de Maillet, au même régiment, fut fait en 1759 capitaine dans le Régiment de Talarû, et depuis, dans le Régiment de Châtelus, où il servait en 1762. (Archives : C[on] B ; 3 ; 6 pièces).

« Il fit hommage au Roy le trois septembre de la même année (1762) de ladite terre et seigneurie de Villers que son père lui avait donnée par son contrat de mariage, mouvante de S. M[té] à cause de son château de Vitry-en-Pertois, et il en donna dénombrement le 9 mars 1764 » (Pr. de 1773), et encore en 1779, pour la même terre de Villers-sur-Marne et pour Couvrot. (Acte du 14 juillet 1779). En 1762, il quitta l'armée pour se marier, après avoir pris part en 1757 et 1758 aux campagnes d'Allemagne ; en 1759 et 1760, à celles des côtes de Bretagne ; en 1761, à une nouvelle campagne en Allemagne ; (États de services) et épousa après contrat passé devant Charles Clerc et Claude Margaine, not[es] à Apremont (1) et à Autry (2) ; au château d'Apremont, le 15 février 1762, (Archives : C[on] A ; 7 ; 6 pièces) et religieusement le lendemain, dans l'église d'Apremont : « haute et puissante Dame Anne-Charlotte DE SALSE, fille de haut et puissant seigneur Messire Frédéric comte DE SALSE, chevalier, seigneur d'Apremont et autres lieux, capitaine au Régiment de Normandie, et de feuë haute et puissante Dame Anne, Claude, Angélique CANEL ». Anne-Charlotte DE SALSE qui était née au château d'Apremont, le 24 août 1743, mourut âgée de 51 ans, le 30 floréal an IIe (18 mai 1794) à Vitry-le-François et elle y fut inhumée, le 1er Prairial.

C'est dans le contrat et l'acte de ce mariage (15 et 16 février 1762), que le fiancé et ses parents sont ainsi qualifiés : « Haut et puissant Seigneur Jérôme-Antoine DE JOYBERT, chevalier, capitaine pour le Roy au Régiment de Chastellux, fils mineur de haut et puissant seigneur Jean-Baptiste, Philippe comte DE JOYBERT, chevalier, seigneur de Villers-sur-Marne, Tournizet et autres lieux, demeurant en son château dudit Villers, et de haute et puissante Dame Thérèse DE BEURGES, ses père et mère, tous deux vivants..... etc.... » (Archives : C[on] A ; 7 ; 6 pièces).

(1) Apremont, arrondissement de Vouziers (Ardennes).
(2) Autry, arrondissement de Sainte-Menehould (Marne).

Jérôme-Antoine fit hommage au Roy (Acte du 14 juillet 1779), pour raison des fiefs, terre et seigneurie de Villers « et aussy pour raison du quart dans le fief de Couvrot, à cause de son joyeux avènement à la couronne ».

Il avait été nommé en 1787, député à l'Assemblée provinciale de la généralité de Châlons, par la noblesse de l'élection de Vitry, et il fit, ainsi que son fils aîné Frédéric, qui suit, partie des membres de la noblesse du bailliage de Vitry-le-François, qui prirent part à l'élection des députés de la noblesse, aux États-Généraux de 1789.

Il mourut à Vitry le 27 may 1815 : un incendie avait peu auparavant, consumé la plus grande partie des bâtiments de la ferme de Villers, attenante au château, et il est probable que l'impression qu'il en ressentit, contribua à abréger ses jours.

De son mariage avec Anne-Charlotte DE SALSE, il était né huit enfants, savoir :

XIV. a. Frédéric, né à Villers, le 22 février 1763 qui continua la descendance, (v. pl. bas).

b. N***, né et mort à Villers, le 4 janvier 1764.

c. N***, née et morte à Villers, le 5 mai 1765.

d. Madeleine-Hortense, née à Villers, le 31 décembre 1767, (v. p. 33).

e. Louise-Charlotte-Victoire, née et baptisée à Villers, le 20 février 1769, (p. 33).

f. Jean-Baptiste, Claude l'aîné, né à Villers, le 7 mai 1770, (p. 33).

g. Magdelaine-Henriette, née et baptisée à Villers, le 17 juin 1771, (p. 33).

h. Jean-Baptiste, Claude le jeune, né à Villers, le 28 septembre 1772. C'est lui qui fut la souche de la branche de la famille de Joybert, dite : de Bussy. (Voir p. 42).

XIV.

XIV. a. Frédéric DE JOYBERT DE VILLERS, fils aîné de Jérôme-Antoine et de Anne-Charlotte DE SALSE, naquit le 22 février 1763, « fut batisé par nécessité au château de Villers-sur-Marne le 23, et les cérémonies du baptême lui furent suppléées le 26 du même mois, en l'église dudit Villers, dépendante de la paroisse de Couvrot, au diocèze de Chaalons » (Pr. de 1773). Il se présenta pour être admis au nombre des pages, que son Altesse Sérénissime Monseigneur, premier prince du sang, Duc d'Orléans, de Chartres, de Valois, de Nemours et de Montpensier, Comte de Vermandois, de Soissons, etc.... faisait élever dans ses écuries, et il y fut admis, après production d'un certificat, en date du 25 novembre 1770, dressé par René, François, Pierre DE LA COUR, écuyer, l'un des gardes de la bibliothèque du Roy, généalogiste de S. M[té], ainsi que des écuries de Mgr le Duc d'Orléans, premier prince du sang, etc.... et établissant qu'il réunissait, les conditions de noblesse requises pour cette admission. Il entra donc aux Pages le 26 novembre 1773, et il en sortit le 10 avril 1779. A sa sortie des pages, il reçut le 28 avril 1779, son brevet de nomination

DE THOMASSIN : « d'argent, au pin de sinople sommé, d'une merlette de sable ».

La famille DE THOMASSIN, originaire de Champagne, où elle possédait dès le XVIIe siècle des fiefs importants, notammant Bienville, Puel-le-Montier, Longeville... etc... fit les preuves de sa noblesse, par-devant Mgr de Caumartin en juin 1668, avec production de titres remontant au 14 janvier 1522, et contracta de fort belles alliances, en particulier avec les familles : DE MONTORMENTIER, CHAMPAGNE, CAUCHON, RAULET, DU SART... etc.... Philippe DE THOMASSIN, fut en 1580 le 22e Vidame de Châlons, dont il devint gouverneur royal en 1589 : C'est lui, qui avec les volontaires châlonnais que secondaient les troupes du Comte de Grandpré, repoussa dans Pringy qu'il prit le lendemain, Saint-Pol gouverneur de Reims pour la Ligue, qui ayant battu le maréchal d'Aumont, l'avait poursuivi jusqu'à Saint-Amand (1), (de Barthélemy ; histoire de Châlons ; Chap. VII ; et, Pierres tombales ; p. 294). Il était seigneur de Braux-Sainte-Cohierre (2), et mourut en 1608 ; il fut inhumé dans la cathédrale de Châlons, où est sa tombe près de la porte du cloître. (Archives de Châlons).

Lors de la convocation de la noblesse du baillage de Chaumont, en 1789, trois membres de cette famille répondirent à l'appel, savoir : 1° Alexandre, Comte THOMASSIN, Seigneur de Puel-le-Montier et de Longeville, Grand bailly d'Épée de Saint-Dizier ; 2° Louis-Joseph-François THOMASSIN, Comte de Bienville, Lieutenant-Colonel de cavalerie, pour les mêmes seigneuries ; 3° Louis-Maurice, Marquis de THOMASSIN, Seigneur, Comte de Bienville, Grand'bailly d'Épée de Vitry, Seigneur de Puel-le-Montier et de Lamothe. (Jolibois ; la Haute-Marne ancienne et moderne, p. 520). — Le dernier représentant mâle de cette famille, fut : Louis-A.-N.-A. DE THOMASSIN, Comte de Bienville, ancien Officier d'artillerie, Chevalier de Saint-Louis et de

(1). Saint-Amand ; canton et arrondissement de Vitry-le-François (Marne).
(2). Braux-Sainte-Cohière ; canton et arrondissement de Sainte-Menehould (Marne).

comme officier sans appointements, au régiment de cavalerie d'Orléans ; et le 26 septembre suivant, celui de Sous-Lieutenant dans la compagnie de du Mesnil ; puis ensuite, son certificat d'attache comme Sous-Lieutenant, le 15 juin 1780 ; et le 20 septembre suivant, il lui était délivré un ordre, en vertu duquel il devait être reçu comme sous-lieutenant. Le 22 mai 1785, il obtint le brevet de la lieutenance en second dans la compagnie de Montullé, au régiment d'Orléans-Cavalerie, et recevait le 6 octobre 1785 un ordre, pour être reconnu lieutenant, et le 25 octobre suivant, son certificat d'attache dans ce grade. Le 29 avril 1787, il lui était délivré une commission, pour tenir rang de capitaine dans le régiment d'Orléans-Cavalerie. (Archives : C^ton^ B ; 4 ; 12 pièces).

Il émigra en 1791, et fit en 1792 la campagne à l'armée des Princes : (États de services) puis, au licenciement de l'armée de Condé, il se rendit en Allemagne où il vécut de privations, jusqu'au moment de sa rentrée en France, et il fut rayé de la liste des Émigrés, le XIII Brumaire an XI. (Archives : C^on^ B ; 4 ; n° 13). En récompence de ses services, il reçut d'abord le 16 septembre 1814, sa nomination dans l'ordre du Lys, et la lettre du Duc de Maillé, lui notifiant la distinction qui lui était conférée, est adressée à « Monsieur le Comte DE JOYBERT » ; puis ensuite, le brevet de chevalier de l'Ordre R. et Mre de Saint-Louis, le 22 mai 1816 (1). (Archives : C^ton^ B ; 4 ; n°s 16 et 17).

Il épousa à Bienville (2), le 20 janvier 1806 suivant contrat du 19, (Archives : C^on^ A ; n° 7), Dam^elle^ Jeanne-Brigide-Sophie DE THOMASSIN-BIENVILLE, fille de Louis-Maurice Marquis DE THOMASSIN, seigneur, Comte de Bienville, ancien grand'bailly d'épée des ville et bailliage de Vitry-le-François, et de Jeanne-Sophie DE BRIENNE.

Ils résidèrent à Vitry jusqu'en 1812, et vinrent alors se fixer à Rozières (3), l'une des propriétés de la famille DE THOMASSIN. C'est là qu'il mourut le 14 avril 1839, et il y fut inhumé ; sa femme lui survécut jusqu'au 3 janvier 1859, époque où elle mourut aussi à Rozières, et elle y fut inhumée à côté de lui.

Il était né cinq enfants, du mariage de Frédéric DE JOYBERT, avec D^elle^ Jeanne-Brigide-Sophie DE THOMASSIN :

XV. a. Frédéric-Maurice, né à Vitry-le-François le 16 février 1807, dont l'article suit (v. p. 34).

b. Louis-Antoine-Paulin, né à Vitry-le-François le 2 juin 1808 : c'est lui qui suivra la descendance (v. p. 34).

c. Adeline-Sophie-Claudine, née à Vitry en 1809 (v. p. 36).

d. Agatte-Adèle-Adrienne-Ernestine, née à Vitry-le-François en 1812, morte à Rozières en 1813.

e. François-Charles-Edmé, né à Rozières le 21 juillet 1817 (v. p. 36).

---

(1) Voir : Pièces justificatives ; p. 79 v°.

(2) Bienville ; arrondissement de Wassy (Haute-Marne).

(3) Rozières ; canton de Montier-en-Der, arrondissement de Wassy (Haute-Marne).

la Légion d'honneur, ancien Député de la Haute-Marne (avant 1830) ; mort sans postérité, de son mariage avec D[elle] DE THUMERY ; et elle s'éteignit définitivement, en la personne de D[elle] Louise-Henriette-Adeline DE THOMASSIN-BIENVILLE, qui décéda célibataire, âgée de 93 ans au château de Bienville, le 30 décembre 1867.

LE PICART : « d'argent, à deux faces de sable, au pal de gueules brochant sur le tout ».

La famille LE PICART, qui n'avait pas été maintenue par Mgr de Caumartin, lors de sa recherche en Champagne, fut néanmoins admise par ses successeurs. (Suite dans la Recherche augmentée ; et, Vaverai ; art. Ablancourt ; p. 1).

XIV. d. Madeleine-Hortense DE JOYBERT, le 4e enfant de Jérôme-Antoine et d'Anne-Charlotte DE SALSE, naquit à Villers le 31 décembre 1767, et fut baptisée le 5 janvier 1768. Elle eut pour parrain : Messire Philippe AUBELIN, chever, seigneur de Villers-aux-Bois, cousin de son père, et pour marraine : « haute et puissante Dame, Madame Louise-Thérèze D'ERNECOURT, Vicomtesse DE SALSE, belle-sœur de sa mère » ; elle mourut à Vitry, le 30 novembre 1836, sans avoir eu d'enfant de son mariage avec François-Roch LE PICART, écuyer, seigneur d'Ablancourt, capitaine d'infanterie, né à Ablancourt le 22 juillet 1764 : il était fils de Antoine-Louis, ancien major au Régiment de Provence, et de Dlle Scholastique DE MAILLART ; et avait épousé en premières noces, Marie-Madeleine MARCHAND DE CHRISTON, de Nuisement. Son second mariage avec Madeleine-Hortense DE JOYBERT, avait été célébré à Vitry, le 22 Pluviôse an XIII (10 février 1805). Il survécut à Madeleine-Hortense sa seconde femme, et mourut à Vitry le 5 octobre 1848, (de Dumast).

XIV. e. Louise-Charlotte-Victoire, 5e enfant de Jérôme-Antoine et d'Anne-Charlotte DE SALSE, naquit et fut baptisée à Villers, le 20 février 1769, ayant pour parrain : Messire Charles DE SALSE, chever de l'Ordre R. et Mre de Saint-Louis, ancien capitaine de Grenadiers au Régiment de Languedoc, son grand'oncle maternel ; et pour marraine : Damlle Louise DE JOYBERT sa grand'tante paternelle : elle mourut célibataire à Vitry-le-François, le 21 Thermidor an V, (10 août 1797), (de Dumast).

XIV. f. Jean-Baptiste, Claude l'aîné, 6e enfant de Jérôme-Antoine et d'Anne-Charlotte DE SALSE, naquit à Villers le 7 mai 1770, et y fut baptisé deux jours après, son parrain était : Messire Jean-Baptiste DE SALSE, chever de l'O. R. et Mre de Saint-Louis, ancien capitaine au Régiment de Normandie, son grand'oncle maternel ; et sa marraine : damlle Marie-Madeleine-Claude DE JOYBERT sa grand'tante paternelle : il mourut à Villers le 4 avril 1771, (de Dumast).

XIV. g. Madeleine-Henriette, 7e enfant de Jérôme-Antoine et d'Anne-Charlotte DE SALSE, naquit et fut baptisée à Villers le 17 juin 1771 : elle eut pour parrain : Frédéric, l'aîné de ses frères et sœurs ; et pour marraine : Madeleine-Hortense, la plus âgée de ses sœurs. Sans autres renseignements, (de Dumast).

XIV. h. Jean-Baptiste, Claude le jeune, dit plus tard : « le Chevalier DE JOYBERT DE BUSSY » ; fut le 8e et dernier enfant de Jérôme-Antoine et d'Anne-

DE ROSIÈRES : « d'or, à deux léopards d'azur, armés et lampassés de gueules, mis l'un sur l'autre, celui de la pointe, contourné ; à la bordure engreslée de gueules ».

La famille DE ROSIÈRES, maison de chevalerie lorraine, est originaire de la Touraine, d'où elle vint vers l'an 1300, s'établir en Lorraine et dans le Barrois, où elle ne tarda pas à occuper les plus hautes charges, et où elle contracta les plus belles alliances. Charles-Antoine DE ROSIÈRES le quartaïeul de Mme DE JOYBERT, avait reçu le 21 novembre 1713, de Léopold Ier, Duc de Lorraine et de Bar, des lettres-patentes lui octroyant le titre de Comte, et dans lesquelles, la généalogie de la maison DE ROSIÈRES, est rapportée jusques en l'an 1350. Plus tard, le 17 mars 1736, la terre d'Euvezin, fut encore en sa faveur, érigée en Comté. (Lepage ; compl^t^ du Nobiliaire de Lorraine ; p. 363 et 365 ; et, voir aussi : La-Chesnay-Desbois.

DE MONTANGON : « Gironné d'or et d'azur de 6 pièces ».

La famille DE MONTANGON, d'ancienne extraction noble du baillage de Chaumont-en-Bassigny, (la Haute-Marne ancienne et moderne, par Jolibois ; p. 366), fit par-devant Mgr de Caumartin, au mois de novembre 1668 les preuves de sa noblesse, avec production de titres remontant au 10 janvier 1503 ; preuves qui furent alors considérées comme très-bonnes. (Notes inédites de Mr de Caumartin ; p. 57) : Lors de la convocation des Trois Ordres, en 1789, trois MONTANGON prirent rang parmi les nobles du baillage de Chaumont. (Jolibois ; Ibidem ; p. 366).

Charlotte de Salse ; il naquit à Villers le 28 septembre 1772, et c'est lui qui fut l'auteur de la branche de la famille de Joybert, dite « de Bussy », et son article viendra plus loin (voir p. 42).

XV.

XV. a. Frédéric-Jérôme-Maurice, Baron DE JOYBERT, fils aîné de Frédéric et de D[elle] DE THOMASSIN-BIENVILLE, naquit à Vitry le 16 février 1807. Il épousa le 10 janvier 1843, à Coin-sur-Seille (Moselle), D[elle] Charlotte-Aimée-Emmanuelle DE ROSIÈRES, fille de Charles-Joseph-Émile, Comte DE ROSIÈRES D'EUVEZIN, et de Marie-Charlotte-Béatrix-Octavie DE GONDRECOURT, née à Nancy le 17 février 1816. Il habitait jusqu'en 1870, le château de Flanville près de Metz, mais à la suite du partage qu'il fit en 1869, avec ses frères, des biens qui leur étaient échus par les décès de leurs père et mère, et oncle et tante du côté maternel, ainsi que de ceux qui leur étaient obvenus, par suite de la mort sans postérité de Adeline-Sophie-Claudine DE JOYBERT, comtesse DE RUTANT, leur sœur, il se fixa au château de Rozières, qui lui était échu. C'est là qu'il mourut le 4 février 1878, et qu'il fut inhumé à côté de ses père et mère. De son mariage il ne laissait qu'une fille : Marie (v. XVI p. 36), née le 13 novembre 1843, et c'est son frère Paulin dont l'article suit, qui continua la descendance. D[elle] Aimée DE ROSIÈRES restée veuve, se retira près de la comtesse DE VAUGIRAUD sa fille, au château de Saint-Victor d'Épine (Eure) ; où elle mourut le 3 avril 1883, et elle y fut inhumée.

XV. b. Louis-Antoine-Paulin qui continua la descendance, était le second enfant de Frédéric et de D[elle] DE THOMASSIN-BIENVILLE ; et naquit à Vitry-le-François, le 2 juin 1808. Il épousa à Crespy (1), le 12 juin 1838, après contrat passé le 11, devant Me Lamure, notaire à Ville-sur-Terre (2). (Archives : C[on] A ; 8 ; 2 pièces); Dem[lle] Louise-Françoise-Caroline DE MONTANGON, fille de Joseph-Justin, ancien capitaine d'artillerie à cheval de la Vieille Garde impériale, alors chevalier de la Légion d'honneur (il ne reçut la rosette d'officier qu'en 1853), et de D[elle] Louise-Virginie DE MIREMONT, ses père et mère.

Louis-Antoine-Paulin était en cette circonstance, assisté de : « Jérôme-Maurice-Frédéric et François-Edmé-Charles DE JOYBERT, ses frères ; d'Albert-Pierre-François DE RUTANT, son beau-frère ; de Maurice-Louis-Athanase-Nicolas-Adrien DE THOMASSIN-BIENVILLE, son oncle maternel ; et de

(1) Crespy, canton de Soulaines, arrondissement de Bar-sur-Aube (Aube).
(2) Ville-sur-Terre, chef-lieu de canton, arrondissement de Bar-sur-Aube (Aube).

La famille DE MONTANGON est encore existante, mais la branche à laquelle appartenait Louise-Françoise-Caroline, s'est éteinte dans les mâles, en la personne de Charles-Victor, comte DE MONTANGON, son frère, mort au château de Crespy, le 11 novembre 1868, ne laissant que deux filles de son mariage avec D^elle^ Clotilde DE MULLER. L'aînée Marie, qui avait épousé Richard-Timoléon, marquis DE ROYS, DE LÉDIGNAN, DE SAINT-MICHEL mourut à Paris au mois de novembre 1886, quelques jours après la mort de son mari, et fut comme lui enterrée à Saint-Ange (Seine-et-Marne) ; Clotilde la seconde, est aussi décédée le 29 mai 1887 : elle avait épousé en 1880, Frédéric, baron DE KLOPSTEIN, et elle fut inhumée à Lucémont, près Vitry-le-François, où ils résidaient. Toutes deux ont laissé postérité de ces alliances. Louise-Antoinette-Joséphine-Clothilde de Müller de Lambillon d'Aboncourt, comtesse de Montangon leur mère, est morte au château de Crespy, le 21 février 1900, et elle y a été inhumée le 24.

Mr Frédéric DE JOYBERT son cousin-germain ; et la Delle future l'était de : Charles-Victor DE MONTANGON son frère ; de Mr Louis-Jacques DE CLERMONT D'AMBOISE, ancien officier supérieur d'artillerie, officier de la Légion d'honneur, chevalier de Saint-Louis ; et de MMrs Charles-François-Isidore, baron DE DION DE RICQUEBOURG et Louis-Charles, vicomte DE BERTOULT D'HAUTECLOQUE ses cousins issus de germains ». — C'est là une erreur, MMrs DE DION et DE BERTOULT qui viennent d'être mentionnés étaient en réalité, les cousins-germains de Louise-Virginie DE MIREMONT, mère de Louise-Françoise-Caroline DE MONTANGON, qui épousait : Louis-Antoine-Paulin DE JOYBERT).

Ils habitèrent d'abord le château de Rozières, (distant environ de 6 lieues de celui de Crespy), où résidaient les parents de Louis Antoine-Paulin, et c'est là que naquirent leurs enfants. Louis-Antoine-Paulin eut en 1854, l'honneur d'être choisi par S. A. Rle Mgr le Comte DE CHAMBORD, pour le suppléer et représenter comme parrain, au baptême d'une cloche de l'église de Villiers-aux-Bois ; et la marraine était : S. A. Rle Madame la Comtesse DE CHAMBORD, qui s'était fait représenter par Delle DE THUMERY, comtesse DE THOMASSIN-BIENVILLE tante maternelle par alliance de Louis-Antoine-Paulin. (Voir pièces justificatives ; p. 80).

Il partagea avec ses frères, ainsi qu'il a été dit ci-dessus à l'article de son frère aîné Maurice-Jérôme-Frédéric, (Acte du 29 décembre 1869) ; les biens que ses frères et lui avaient recueillis dans les successions de leurs père et mère, oncle et tante, et sœur, et dans ce partage qui eut lieu au château de Bienville, par la voie du tirage au sort, ce fut le lot comprenant la terre et le château de Bienville, dont il devint attributaire. En 1861, il était venu se fixer au château de Belval (2), qui était devenu la propriété de Louise-Françoise-Caroline DE MONTANGON sa femme, à la suite du décès de Louise-Virginie DE MIREMONT, veuve de Joseph-Justin, comte DE MONTANGON, sa mère, survenu le 17 février 1861. C'est au château de Belval qu'il mourut lui-même le 7 septembre 1881, âgé de 73 ans : son corps fut ramené et inhumé à Bienville, le 10 du même mois. Après la mort de son mari, Louise-Françoise-Caroline continua de résider à son château de Belval, où elle décéda le 11 juin 1888, et elle fut inhumée le 13, à Goudelancourt-les-Berrieux dont Belval est une dépendance.

De ce mariage il était né trois enfants :

XVI. a. Louise-Frédérique-Marie, née à Rozières le 3 mai 1839. (Voir plus loin, p. 37).

b. Sophie-Joséphine-Clotilde, née à Rozières le 27 juin 1840, morte au même lieu, le 16 décembre 1852.

c. Jérôme-Pierre-Charles-Ludovic, né à Rosières le 4 octobre 1845, qui suit la descendance. (Voir p. 37).

(1) Villiers-aux-Bois, canton et arrondissement de Wassy (Haute-Marne).

(2) Belval, dépendance de la commune de Goudelancourt-lès-Berrieux, canton de Craonne, arrondissement de Laon (Aisne).

RUTANT :
« d'azur, à la fasce d'argent chargée de 3 têtes de lion, arrachées de gueules, et accompagnée en chef, de 2 étoiles d'or, et en pointe, de 3 besans de même posés 2 et 1 ».

La famille DE RUTANT « qui vivait noblement à Saint-Mihiel, et qu'on prétend être issue d'une famille noble d'Angleterre » (Dom Pelletier, p. 273) ; était une des plus considérables de la Lorraine.

Elle vivait noblement à Saint-Mihiel, depuis cent ans déjà, lorsqu'elle fut confirmée dans sa noblesse par le Duc Charles III, le 12 mars 1567 (branche de Pullenoy), et 25 avril 1589 (branche de Saulxures). Elle occupa à plusieurs reprises, des charges importantes dans le duché de Lorraine, et reçut le titre de Comte, le 20 janvier 1760, et confirmation de ce titre, le 8 mai 1779.

Elle s'est éteinte le 25 août 1852 dans la personne de : Ernest DE RUTANT, frère puîné de Albert-Pierre, décédé lui-même le 23 juin précédent, sans laisser postérité de son mariage avec D[elle] de Joybert. Le même Ernest, avait épousé D[elle] DE SAINT-SOUPLET, mais ils s'étaient séparés sans avoir jamais eu de postérité.

Pierre IV DE RUTANT était en 1744 capitaine des gardes et chambellan de S. A. R.

DE MONTANGON :
« Gironné d'or et d'azur de 6 pièces ».

Pour ce qui concerne cette famille, voir ci-dessus : p. 34 v°.

DU FOU :
« d'azur, à l'aigle éployée d'or ».

La famille DU FOU d'après dom Maurice, (Preuves pour servir à l'histoire de Bretagne : T. I. p. 11) serait une branche cadette de la famille des Comtes de Léon, qui régnèrent sur la Bretagne : son origine est donc des plus anciennes et des plus illustres ; toutefois, dans la production de titres faite en 1668, il ne put être remonté antérieurement à 1325. (La Chesnaye-Desbois : Dictionnaire de la Noblesse ; Art. du Fou ; T. 6 ; p. 567-570).

VAUGIRAUD :
« d'argent, à l'aigle éployée de sable ».

La famille DE VAUGIRAUD, est originaire de l'Anjou où, en 1496, Jacques DE VAUGIRAUD était écuyer tranchant de Jeanne DE LAVAL, femme du roi René D'ANJOU. Cette famille a donné naissance à deux branches dont l'aînée est fixée en Lorraine, et l'autre dans le département de l'Eure. En 1789,

XV. c. Adeline-Sophie-Claudine DE JOYBERT, née à Vitry en 1810, était le troisième enfant de Frédéric, et de Jeanne-Sophie-Brigide DE THOMASSIN-BIENVILLE. Elle épousa à Rozières, le 19 novembre 1832, Mr Albert-Pierre-François, comte DE RUTANT, ancien officier de cavalerie, (7e dragons) ; fils d'André-Pierre-Léopold, comte DE RUTANT, ancien officier de cavalerie, chevalier de l'Ordre R. et Mre de Saint-Louis, et de celui de la Légion d'honneur, et de Anne-Françoise-Octavie DE PONS-RENEPONT. Albert, comte DE RUTANT, né au château de Saulxures-lès-Nancy, le 7 novembre 1803, y mourut le 23 juin 1852 sans laisser de postérité, et il y fut inhumé. Adeline restée veuve, continua de résider à Saulxures, et mourut à Bienville le 7 janvier 1868. Son corps fut ramené à Saulxures, et inhumé à côté de celui de son mari.

XV. e. François-Charles-Edmé, baron DE JOYBERT, naquit à Rozières le 11 juillet 1817. Il épousa en premières noces à Crespy (Aube), le 28 juin 1842, Louise-Henriette-Victorine-Alphonsine DE MONTANGON, sœur puînée de Louise-Françoise-Caroline, qui avait épousé le 12 juin 1838, Louis-Antoine-Paulin, son frère. Née au château de Belval en 1820, Victorine mourut à Chaumont, le 2 juin 1848, n'ayant eu de son alliance avec Charles DE JOYBERT, qu'un fils : Henri, né à Rozières le 9 avril 1843, et décédé le 16 novembre suivant, au même lieu où il fut inhumé.

En secondes noces, Charles DE JOYBERT épousa à Paris, le 5 octobre 1853, Delle Gabrielle DU FOU, fille de Jules comte DU FOU, et de Lydie-Charlotte MARION DU ROSAY, née à Nantes le 18 mars 1831. En 1869, il partagea avec ses frères ainsi qu'on l'a vu tout à l'heure, et dans ce partage, c'est le lot comprenant le château et la terre de Saulxures-lès-Nancy qui lui échut. Il quitta alors le château de Rozières, où il avait résidé jusqu'alors, pour venir s'y fixer ; mais fort peu de temps après y être arrivé, il y mourait le 26 juillet 1870, et il y fut inhumé : il laissait de son second mariage quatre filles : a. Jeanne ; b. Yvonne ; c. Gabrielle ; d. Louise (XVI) et leur article vient plus loin (v. p. 40).

Gabrielle DU FOU, après la mort de son mari, continua de résider à Saulxures.

XVI.

XVI. Marie-Sophie-Caroline DE JOYBERT, fille de Frédéric-Jérôme-Maurice, et de Delle Aimée DE ROZIÈRES, naquit à Coin-sur-Seille (Moselle), le 13 novembre 1843. Elle épousa à Metz, le 24 novembre 1863, Gabriel-Joseph, comte DE VAUGIRAUD, alors capitaine au 2e Régiment de Cuirassiers, fils de Eugène-Philippe-Étienne, comte DE VAUGIRAUD, et d'Agathe-Françoise LE CORDIER

le chef de la famille était : le Marquis DE VAUGIRAUD, capitaine aux gardes françaises, qui arrêté le 10 août 1792 périt assassiné dans les massacres de septembre, à l'Abbaye. Il avait épousé dam[lle] DENYS DE SENNEVILLE fille d'un intendant de la maison du Roi, et ses enfants furent élevés par leur oncle (v. p. 81). L'aîné de ces enfants ; Marie-Joseph-Guillaume, qui était page de Marie-Antoinette au moment où éclata la Révolution, émigra, et fut à la Restauration, nommé Directeur des haras royaux, d'abord à Rosières-aux-Salines (Meurthe), puis au Bec-Hellouin (Eure) : Il avait épousé D[elle] Catherine-Lucrèce GIGAULT DE LA SALLE, dont il eut trois fils : Eugène DE VAUGIRAUD, le second, d'abord Garde du corps, puis ensuite Écuyer du Roi (Louis XVIII, puis Charles X) donna sa démission lors des Évènements de 1830, et se retira à Saint-Victor d'Épine (Eure), où il est mort en 1872, laissant entre autres enfants de son mariage avec D[lle] Agathe-Françoise LE CORDIER DE BIGARS DE LA LONDE, fille du marquis DE LA LONDE à ce moment maire de Versailles, Gabriel-Joseph DE VAUGIRAUD, qui épousa Marie DE JOYBERT. (Pour plus amples détails ; v. p. 80 v° et 81 v°). On voit le nom d'un Vaugiraud figurer parmi ceux des pages faisant partie des Écuries du Roi, après la réforme qui eut lieu en 1788.

DE GUILLEBON : « d'azur, à la bande d'or, accompagnée de 3 besans du même, 2 en chef et 1 en pointe ».

La famille DE GUILLEBON originaire du Beauvoisis, qui portait autrefois le nom patronymique de : LE THOILLIER, fit le 27 mars 1700, les preuves de sa noblesse par-devant l'intendant Bignon, avec production de titres remontant à 1528. Elle a donné naissance à de nombreuses branches, fixées maintenant dans plusieurs provinces, mais notamment toutefois en Picardie, près de son berceau primitif. La branche aînée qui porte le titre de Comte, ajoute aussi à son nom DE GUILLEBON, celui DE BEAUVOIR, où elle réside dans le château de ce nom près Breteuil (Oise).

DE BIGARDS DE LA LONDE, né à Versailles le 19 juillet 1829, et elle en eut postérité. Gabriel DE VAUGIRAUD dont le Régiment faisait en 1870, partie du corps d'armée que commandait le Maréchal de Mac-Mahon, assista comme capitaine-commandant à la bataille de Reichshoffen, où il eut son cheval blessé sous lui, puis comme chef d'escadrons à celle de Sedan : Fait prisonnier à la suite de la capitulation, il fut emmené en Allemagne et interné à Wiesbaben. Il était chevalier de la Légion d'honneur depuis 1872. Rentré en France après les hostilités, il resta encore quelque temps au service, puis il prit sa retraite en 1875 et se retira en son château de Saint-Victor d'Épine (Eure), où il mourut le 16 octobre 1899, et c'est là qu'il a été inhumé.

XVI. a. Louise-Frédérique-Marie DE JOYBERT, premier enfant de Louis-Antoine-Paulin et de D[lle] DE MONTANGON, naquit à Rozières le 3 mai 1839 ; elle épousa au château de Belval, le 2 mai 1865 : Arthur-Maurice-César DE GUILLEBON, fils de Louis-Albert-Alain et de Eugénie-Joséphine-Mathilde D'AIX, né à Arras le 14 juin 1837 ; mort à Amiens le 8 janvier 1874, et inhumé à Remy (Pas-de-Calais). De ce mariage il était né trois filles :

Clotilde, née en 1866, mariée en 1887, à A. DE FRANCQUEVILLE, dont postérité.

Louise, née en 1868, morte à Amiens en 1888 et inhumée à Remy.

Thérèse, née en 1873, mariée en 18 . . , à *** DE GILÈS, dont postérité.

XVI. c. Jérôme-Pierre-Charles-Ludovic DE JOYBERT, naquit à Rozières le 4 octobre 1845, et il y fut baptisé le 7. Son parrain était : Mr Victor-Charles, vicomte DE MONTANGON, son oncle maternel, et sa marraine : Adeline-Sophie-Claudine DE JOYBERT, femme d'Albert-Pierre, comte DE RUTANT, sœur de son père. En 1864, il était admis à l'École Impériale spéciale militaire où il entra le 14 octobre, et fut admis dans la section de cavalerie : il en sortit deux ans après, et fut nommé par décret du 7 octobre 1866, pour prendre rang à dater du 1er, sous-lieutenant à la suite du 5e régiment de cuirassiers. Il rejoignit son corps le 1er janvier 1867, à Lille où il séjourna jusqu'au 20 mars suivant, moment où il reçut un ordre daté du 13, lui enjoignant de passer au 5e régiment de chasseurs, où il était mis en pied. Il gagna donc Dôle, où se trouvait le dépôt de son nouveau corps, mais n'y resta que quelques jours, le dépôt du 5e chasseurs quittant Dôle, pour aller tenir garnison à Vienne (Isère) ; puis vint à Lyon au mois de juin, prendre sa place dans son escadron. A la fin du mois d'août 1867, par suite des complications diplomatiques qui avaient surgi, à propos de la

question du Luxembourg, la première Brigade de la division de cavalerie de l'armée de Lyon, ayant été envoyée en Alsace, le 5e chasseurs vint tenir garnison à Haguenau, où il resta jusqu'au mois de mars 1869, époque à laquelle il fut envoyé à Verdun-sur-Meuse. En 1870, au commencement du mois de juin, Jérôme-Pierre-Charles-Ludovic quitta Verdun avec son corps, pour se rendre au camp de Châlons, où les troupes qui y étaient réunies cette année là, étaient placées sous le commandement du général Frossard, dont il fut nommé l'un des officiers d'ordonnance le 16 juin 1870. Lors de la déclaration de guerre survenue le 15 juillet, un accident dont il fut victime, au retour d'un service commandé, et qui faillit lui coûter la vie ; non seulement l'empêcha de prendre part à la campagne, avec son régiment qui faisait partie du IIe corps de l'armée de Metz, mais encore provoqua en 1871, (Lettre du 19 mai) ; sa mise en non-activité pour infirmités temporaires. Il avait été nommé lieutenant à Metz, avant la capitulation. Démissionnaire au mois de novembre 1871, il fut nommé le 22 octobre 1875, lors de l'organisation de l'armée territoriale, capitaine-commandant de l'un des deux escadrons de chasseurs à cheval, du 2e corps d'armée, et il conserva ces fonctions jusqu'au 20 août 1880, époque où il donna de nouveau sa démission. (Archives : Cton B ; 5 ; 14 pièces).

En 1881, par suite de la mort de Louis-Antoine-Paulin, son père, qui était devenu le chef de famille, depuis le décès survenu le 4 février 1878, de Frédéric-Jérôme-Maurice son frère aîné ; il le devint à son tour, et reprit le titre de Comte sous lequel avait figuré, le 22 février 1762, son bisaïeul Jean-Baptiste-Philippe, lors du contrat de mariage de Jérôme-Antoine, son fils, avec Demlle DE SALSE, et qui avait été donné par le Duc DE MAILLÉ, à son grand-père Frédéric, lors de la nomination de ce dernier dans l'Ordre du Lys : (Archives; Cton B ; 4 ; no 16) ; relevant ainsi pour la branche aînée de la famille un titre, qu'avait pris vers 185 . ., en vertu de ce contrat de mariage, venu on ne sait comment, seul dans ses mains (les autres sans aucunne interruption depuis 1570, étant toujours restés à la garde de l'aîné du nom) ; le chevalier Frédéric DE JOYBERT, DE BUSSY, chef du second rameau de la branche cadette (v. p. 44) ; tandis que le chef du premier rameau de la même branche cadette, ne prenait que celui de Vicomte ; ce qui n'était pas régulier.

Il partagea avec la Dame DE GUILLEBON, sa cohéritière, (Acte du 28 mai 1883), les biens qu'avait délaissés en mourant, Louis-Antoine-Paulin leur père, et le château de Bienville lui étant échu, il vint y résider ; mais, après la mort survenue au mois de janvier 1886, de Louis-Antoine-Rose DE BEFFROY DE LA GRÈVE, son beau-père, dont Louise-Marie-Charlotte sa femme était seule et unique héritière, il vint avec elle se fixer au château de Cuiry-lez-Iviers, où ils s'étaient mariés, et où étaient nés leurs enfants. En 1890, il partagea encore

DE BEFFROY DE LA GRÈVE : « de sable, au Lion d'argent armé et lampassé de gueules, la queue contournée et passée entre les jambes ».

La famille DE BEFFROY, est une des meilleures et des plus anciennes de la Province de Champagne, puisque W. DE BEFFROY un de ses plus anciens auteurs connus, prit part à la 5e croisade, et il est nommé dans une charte donnée en 1219, à Damiette, par le Roy Saint-Louis. (Roger ; histoire des Croisades ; 5e Croisade, p. 227).

Le nom DE LA GRÈVE, avait été ajouté à celui DE BEFFROY, à la suite du mariage contracté en 1430, par Gobert DE BEFFROY, 1er du nom, avec Damlle Heleine Dame DE LA GRÈVE, et en partie de Coigny, fille unique et seule héritière de Gatinet DE LA GRÈVE. Cette maison fit les preuves de sa noblesse, par-devant Mgr de Caumartin, en may 1668 avec production de titres, remontant au 10 avril 1468. Louis-Jacques-Marie, marquis DE BEFFROY, qui avait été page de Mme la Dauphine, fut présenté au Roy Louis XV, et eut l'honneur de monter dans les carrosses du Roi, et de chasser plusieurs fois avec Sa Majesté. (Laisné : Dictionnaire de la Noblesse ; T. I ; p. 11 à 28).

Le 38e doyen du Chapitre des chanoines de Rozoy-sur-Serre, qui avait été fondé l'an 1018, fut François DE BEFFROY DE LA GRÈVE, qui élu par le Chapitre en 1637, l'emporta sur Gapharelle nommé par le Roi, attendu que le décanat ne tombe pas en régale, et n'est pas sujet à la préconisation en cour de Rome. (Essai historique sur Rozoy-sur-Serre et ses environs par C. A. Martin ; T. 2 ; p. 629).

avec ladite Dame DE GUILLEBON, (Acte du 3 mars 1890) ; les biens de la succession de feuë Louise-Françoise-Caroline DE MONTANGON, leur mère, qui était décédée en son château de Belval, le 11 juin 1888.

Jérôme-Pierre-Charles-Ludovic épousa à Cuiry-lez-Iviers (1), le 16 juin 1874, suivant contrat passé devant Mᵉ Froment, notaire à Montcornet (2), et religieusement le lendemain 17 en l'église de Dolignon (3) ; Damˡˡᵉ Louise-Marie-Charlotte DE BEFFROY DE LA GRÈVE, fille de Louis-Antoine-Rose, ancien officier d'infanterie au 3ᵉ léger, et de Caroline-Marie DE CHARPENTIER D'AUDRON ses père et mère, née à Cuiry-lez-Iviers le 31 décembre 1851. (Archives : Cᵒⁿ A ; 9). Les témoins de ce mariage étaient pour Jérôme-Pierre-Charles-Ludovic : Gabriel-Joseph comte DE VAUGIRAUD, ancien officier supérieur de cavalerie, et Richard-Timoléon, comte DE ROYS, DE LÉDIGNAN-SAINT-MICHEL, ancien officier d'infanterie, ses cousins-germains par alliance ; et pour Louise-Marie-Charlotte : Monsieur Charles-Théophile DE BEFFROY DE LA GRÈVE son oncle ; et Louis-Godefroy, baron DE ROMANCE cousin-germain de son père.

Le 14 mai 1895, il fut après avoir fait les preuves requises, admis comme chevalier d'honneur et de dévotion, dans l'Association française de l'Ordre de Malte : et le 30 mai 1897, il fut parrain à Couvrot (4), de la seconde cloche de l'église, provenant de la refonte de celle de l'ancienne église Saint-Hilaire, de Villers : la marraine était, Demˡˡᵉ Louise-Marie-Marthe JACOBÉ DE GONCOUR, descendante également des anciens donateurs. (Voir : pièces justificatives, p. 80).

Du mariage de Jérôme-Pierre-Charles-Ludovic avec Dˡˡᵉ DE BEFFROY DE LA GRÈVE, sont issus :

XVII. a. Charles-Louis-Marie-Jérôme, né à Cuiry le 1ᵉʳ mai 1875, mort au même lieu le 5 et inhumé à Dolignon le 7 du même mois.

b. Raoul-Louis-Marie-Jérôme, né à Cuiry le 25 mai 1877.

c. Marguerite-Antoinette-Louise-Marie, née à Cuiry le 20 juillet 1880, morte au même lieu le 16 juillet 1882 ; elle y fut inhumée le 18.

---

(1) Cuiry-lès-Iviers, canton de Rozoy-sur-Serre, arrondissement de Laon (Aisne).

(2) Montcornet, id. id. id.

(3) Dolignon, id. id. id.

(4) Couvrot, canton et arrondissement de Vitry-le-François (Aisne).

LA CHAPELLE : « Ec[e] au 1er d'argent, à une bande de gueules chargée d'une Étoile d'or, accostée de deux fermails du même en forme d'anneau ; au 2e, d'argent au lion de gueules, couronné de même ; au 3e d'or à deux lions de sable, posés en bande ; au 4e, d'azur à 3 fasces d'or, et la bande aussi d'or, brochant sur le tout ; sur le tout, d'azur à une chapelle d'or soutenue de même ouverte du champ. — Écu timbré d'une couronne de Vicomte; supports ; deux Lions. (Ec[e]... qui est: DE DAFFÈS modifié ; au 2e...... qui est DE VARS-SAINT-JEAN ; au 3e qui est DE BRIE ».

La famille DE LA CHAPELLE est originaire du Périgord, où son premier auteur connu, Bernard CHAPELLE, fils d'Odilon CHAPELLE, damoiseau, vivait en juillet 1274. Antoine CHAPELLE l'un de ses descendants, fut anobli en décembre 1597, et à ce moment, ajouta à son nom celui DE JUMILHAC (qui après lui fut porté par un rameau) et reçut pour armoiries, d'azur à une chapelle d'or ». En 1703, François CHAPELLE, s'appela : LA CHAPELLE, puis, DE LA CHAPELLE nom que ses descendants continuèrent à porter, pour se distinguer probablement de la branche : CHAPELLE-JUMILHAC dont ils étaient déjà séparés.

Le 15 novembre 1817, *** DE LA CHAPELLE, lieutenant général d'Épée en la prévôté de l'hôtel du Roi, chevalier de la Légion d'honneur, reçut pour récompense de faits militaires ainsi que des longs et loyaux services que lui et sa famille avaient rendus à la Royauté, le titre de Vicomte et les armoiries décrites ci-contre. On remarque parmi ses alliances celles qu'elle a contractées avec les familles : DE DAFFÈS, DE VARS-SAINT-JEAN, DE BRIE, DE DOUHET, D'ESPARBÈS, POURCHERESSE D'ESTRABONNE, DE VIGNEROT DU PLESSIS-RICHELIEU, DE POUGET DE NADAILLAC, etc... etc...

PARDIEU : « d'or, au lion de gueules couronné à l'antique du même ».

Pour les détails concernant la famille DE PARDIEU, consulter La Chesnaye-Desbois (Dict[re] de Noblesse) où l'on voit que son ancienneté est antérieure à 1260 ; époque à laquelle Henry DE PARDIEU, chever, le premier dont on ait eu connaissance, fonda les cordeliers d'Évreux, où il est inhumé devant le maître-autel de l'Église. Il y est aussi fait mention, d'un Eustache DE PARDIEU, dans les Croisades de la Terre-Sainte (3e charte d'Acre, en 1190. — La noblesse de France aux Croisades, par Roger ; p. 214).

SAINT-BELIN : « d'azur, à 3 têtes de bélier d'argent, accornées d'or et posées 2 et 1 ».

Devise ancienne : « Qui m'heurte, j'heurte », et moderne : « Ab utroque fortis ». Après la fusion de la famille DE MALAIN dans celle DE SAINT-BELIN, qui en ajouta le nom au sien.

La famille DE SAINT-BELIN est une des meilleurs et des plus anciennes de la Champagne, où elle a eu de grandes possessions ; et elle a donné à l'armée et à l'Église plusieurs illustrations. Artus, chevalier, seigneur de Blaisy dans les dernières années du XIIe siècle, vendit ses terres d'au-delà de la Meuse, pour se mettre en état d'accompagner Saint-Louis. Il s'embarqua avec lui le 12 juin 1248, et l'aida de ses conseils, étant trop vieux pour le servir de son bras. (Jolibois : La Haute-Marne ancienne et moderne ; p. 477). Les preuves de sa noblesse avaient été faites par-devant Mgr de Caumartin, au mois de décembre 1669, avec production de titres remontant à 1246.

XVI. a. Jeanne DE JOYBERT qui naquit à Paris, le 25 octobre 1856, était le premier enfant de Charles et de D[elle] DU FOU ; elle entra à la Visitation de Paray-le-Monial, où elle prit l'habit le 3 juillet 1878, et fit ses vœux le 9 juillet 1879.

XVI. b. Yvonne DE JOYBERT, née à Paris le 12 avril 1858, épousa au château de Saulxures-lès-Nancy, le 8 septembre 1880 : François-Léonel, baron DE LA CHAPELLE, fils de Charles-Henri, vicomte DE LA CHAPELLE, et de Françoise-Gabrielle DE CLAVIÈRES.

Dont postérité. Yvonne DE JOYBERT morte à Saulxures le 19 mars 1900, y a été inhumée le 22.

XVI. c. Gabrielle, née à Paris le 5 février 1860, épousa aussi à Paris le 30 mai 1882, Henry, comte DE PARDIEU, né à Ecrainville (1), le 26 mars 1855, fils de défunts : Charles, comte DE PARDIEU, et de Ernestine PRÉVERAND DE LA BOUTRESSE ; dont postérité.

Henry DE PARDIEU est mort au château de Saulxures le 7 février 1895.

XVI. d. Louise DE JOYBERT, née à Rozières le 16 juin 1862, mourut à Paris le 17 mai 1890 et fut inhumée à Saulxures-lès-Nancy. Elle ne laissa pas postérité de son mariage, avec Louis, marquis DE SAINT-BELIN-MALAIN, ancien officier de cavalerie, fils de Louis, comte DE SAINT-BELIN-MALAIN et de Demoiselle Clotilde DE MAURÈS DE MALARTIC, né à Vaudrémont (2) au mois de juillet 1856, et qu'elle avait épousé à Saulxures, le 4 octobre 1883. Ils étaient parents au degré, car Jeanne-Sophie-Brigide DE THOMASSIN-BIENVILLE, grand'mère paternelle de Louise DE JOYBERT, était cousine-germaine de *** (3) DE THOMASSIN-NULLY, femme de Athanase DE GUITAUT et arrière-grand'mère maternelle de Louis, marquis DE SAINT-BELIN, qui est actuellement (1900) le dernier représentant mâle de cette illustre maison.

XVII.

XVII. Raoul-Louis-Marie-Jérôme, naquit au château de Cuiry-lez-Iviers, le 25 mai 1877 et fut baptisé à Dolignon, le 17 juillet suivant. Il avait pour parrain : Louis-Antoine-Paulin DE JOYBERT, son grand'père, et pour marraine : Caroline-Marie DE CHARPENTIER D'AUDRON, femme de Louis-Antoine

(1) Ecrainville, canton de Goderville, arrondissement du Hâvre (Seine-Inférieure).

(2) Vaudrémont, canton de Juzennecourt, arrondissement de Chaumont-en-Bassigny (Haute-Marne).

(3) Henriette.

Rose DE BEFFROY DE LA GRÈVE, sa grand'mère maternelle.

·C.

C. III.

Branche cadette, dite : DE BUSSY ; dont l'auteur fut : Jean-Baptiste, Claude le jeune dit : le chevalier DE JOYBERT DE BUSSY, huitième et dernier enfant de Jérôme-Antoine, et de Delle Anne-Charlotte DE SALSE, né à Villers le 28 septembre 1772. (Voir plus haut ; p. 34).

XIV.

XIV. h. Jean-Baptiste, Claude le jeune, dit : Le Chevalier DE JOYBERT DE BUSSY, fut le 8e et dernier enfant de Jérôme-Antoine et d'Anne-Charlotte DE SALSE ; il naquit au château de Villers, le 8 septembre 1772, et fut baptisé le lendemain : il eut pour parrain : « Messire Frédéric DE JOYBERT » son frère aîné, et pour marraine : « Delle Marie-Josèphe DE LARDENOIS qui fut représentée par Delle Magdeleine-Hortense », sa sœur (1). Trop jeune pour entrer au service, et y être admis comme officier, il fit ce qu'avait fait son père, et présenta en se proposant, l'acte de baptême d'un frère portant les mêmes prénoms que lui, mais dont il était le puîné, et qui né à Villers le 7 mai 1770, y était mort le 5 août 1771. Grâce à ce subterfuge, il put entrer à 15 ans, le 1er octobre 1787, comme Sous-Lieutenant de remplacement, au Régiment d'Orléans-Cavalerie, dans lequel servait déjà à cette date comme capitaine en second, son frère aîné Frédéric. Lors de la refonte du Régiment le 1er mai 1788, il fut réformé c'est-à-dire mis en disponibilité. Lorsqu'éclata la Révolution, il émigra avec le Comte d'Artois, de l'escorte duquel il faisait partie, lorsque ce dernier quitta la France. Il fut d'abord chasseur noble à l'armée des Princes, en 1791, puis de là passa à l'armée de Condé en 1793, et ensuite comme volontaire dans l'armée anglaise, où il fut incorporé dans les cadres que commandait le général d'Allonville. En 1796, il était attaché comme officier d'État-major, à l'armée d'Anjou, où il était avec rang de colonel, chef de la 7e légion de la Division du Maine le 1er décembre 1799, fonctions qu'il remplissait d'ailleurs, depuis le 11 septembre de la même année. Il quitta le service en 1801, après avoir pris part aux campagnes ; de 1792 à l'armée des Princes, de 1793 à l'armée des Princes, de 1794 et 1795 avec l'armée anglaise, et de 1796 à 1800 à celles de l'armée de Vendée. Ce fut dans ces dernières, que lui fut décerné tant à cause de sa bravoure personnelle, que du succès qui couronnait ses entreprises ; le surnom de « Colonel L'HEUREUX ». Il y reçut d'ailleurs plusieurs blessures, et se signala dans presque toutes les prises d'armes des Vendéens, et notamment au siège du Mans par le général de Bourmont, le 14 octobre 1799.

Pendant une accalmie des guerres de la Vendée, il épousa le 31 juillet 1797 à Grugé (Maine-et-Loire), Damlle Agathe-Suzanne AVELINE DE NARCÉ, sœur de Mr Constant-Armand AVELINE DE NARCÉ, comme lui chef de

---

(1) Voir son Extrait de naissance : Archives ; Con By ; Liasse A ; I.

AVELINE DE NARCÉ : « d'azur, au chevron d'or (1), accompagné en chef de 2 Étoiles, et en pointe d'un quinte feuille du même ».

La famille AVELINE, aujourd'hui sur le point de s'éteindre, vint de Provence se fixer en Anjou, vers l'an 1540 : et y forma deux branches, celle DE LA GARENNE et celle DE NARCÉ. Deux de ses membres, René, seigneur DE LA GARENNE, et Laurent, seigneur DE NARCÉ, furent en 1624 et 1639 échevins de la ville d'Angers, et par suite, jouirent ainsi que leurs descendants, des titres et prérogatives de noblesse, que l'édit de Louis XI de 1474, accordait à ceux qui étaient investis de ces fonctions, (de Dumast).

BERTRAND DU PLATON DE NARCÉ :

(1) La Chesnaye-Desbois indique le chevron comme brisé ; ce devait être très-probablement, une brisure créée pour établir une distinction entre les deux branches de la famille AVELINE.

légion, et avec lequel il s'était étroitement lié. Ce mariage avait été précédé d'un contrat, passé le 11 juin 1797, devant Me Edon, notaire à Paris. Damoiselle Agathe-Suzanne AVELINE DE NARCÉ, née à Grugé-l'Hôpital le 16 octobre 1773, était fille de feu Messire Joachim-André AVELINE DE NARCÉ, écuyer, seigneur de Champiré, Grugé-l'Hôpital et autres lieux, et de feuë Catherine-Jeanne MAIGNON.

Retiré du service, le Chevalier de Joybert habita d'abord une propriété, qu'il avait achetée en Anjou, près d'Ingrandes, appelée : la Combaudière, puis il retourna en Champagne ; où il se fixa définitivement dans sa terre de Bussy-aux-Bois (1). — Lors de la première Restauration, le colonel « L'HEUREUX » reprit les armes, et les porta jusqu'à la dissolution de l'armée royale, époque où il reçut le brevet de chevalier de l'Ordre R. et Mre de Saint-Louis. (Voir : pièces justificatives ; p. 80) ; le 7 novembre 1814.

Lors de la seconde Restauration il fut présenté à Louis XVIII, qui lui demanda s'il désirait être nommé général, et auquel il répondit simplement : « qu'ayant bien fidèlement servi Sa Majesté, il ne désirait qu'une chose, c'est que ses enfants pussent lui consacrer leur vie ». — C'est ainsi que son fils aîné : Jérôme-Antoine-Alexandre, entra immédiatement aux gardes du corps ; et plus tard son second fils : Frédéric, aux gardes de Monsieur.

Pour lui, il reçut le 14 avril 1816, une solde de retraite du grade de lieutenant-colonel, et le brevet de colonel honoraire. Il mourut au château de Bussy-aux-Bois, emporté le 23 juin 1832 par une attaque de choléra, auquel avait déjà succombé le 17, six jours avant lui, Agathe DE NARCÉ sa femme, (de Dumast : son arrière petit-fils par alliance ; v. p. 47).

Du mariage de Jean-Baptiste-Claude DE JOYBERT avec Delle Suzanne DE NARCÉ, il était né trois enfants :

XV. a. Jérôme-Antoine-Alexandre, qui suit.
b. Frédéric, dont l'article viendra après celui de son frère (v. p. 44).
c. Madeleine-Hortense née en 1801 (v. p. 45).

XV.

XV. a. Jérôme-Antoine-Alexandre DE JOYBERT, fils aîné de Jean-Baptiste-Claude et d'Agathe-Suzanne DE NARCÉ, naquit à La Flèche, le 21 septembre 1797. Ainsi qu'on l'a vu plus haut, il fut en 1815, nommé Garde du corps du Roi Louis XVIII, puis, passa avec son grade de Lieutenant aux dragons du Calvados, et fut réformé en 1824.

Il épousa au château de Narcé, près Angers, le 19 avril de cette même année 1824, Atala-Joséphine Bertrand DU PLATON DE NARCÉ sa cousine au 7e degré, fille de Joseph, et de Delle Madeleine-Perrine-Marguerite-Esther

---

(1) Bussy-aux-Bois, Con de Saint-Remy en-Bouzemont, arrondissement de Vitry-le-François (Marne).

ROUOT :

« d'azur, au chevron d'argent accompagné de 2 croix ancrées d'or en chef, et en pointe, d'un alérion du même ».

Cimier : Une croix d'or entre deux pennes de l'Écu. (Fol. 36, rg. 1667).

La famille DE ROUOT d'origne lorraine, avait été anoblie en la personne de : Nicolas ROUOT, natif de Pont-à-Mousson, avocat à la Cour, qui fut anobli par lettres données à Nancy, le 5 may 1667, « en considération de ce que depuis 40 ans, il sert en qualité d'avocat à la Cour souveraine de Lorraine et Barrois, tant à Saint-Mihiel qu'au dit Pont-à-Mousson ». (Dom Pelletier : Nobiliaire de Lorraine ; p. 705).

BINOT DE LA BRÉJAUDAIS : née à Angers le 17 vendémiaire an XIV et morte à Rennes le 19 février 1845 : son mari lui survécut et mourut le 12 janvier 1853.

De ce mariage étaient nés deux fils :

XVI. a. Joseph-Jérôme, dont l'article viendra tout à l'heure (v. p. 45).

b. Jean-Baptiste-Armand-Frédéric, né à Angers le 27 juillet 1827, mort célibataire à Soncelles (Maine-et-Loire), et inhumé à Dureil (Sarthe), en 1889.

XV. b. Frédéric, dit d'abord : le Chevalier DE JOYBERT, ainsi d'ailleurs qu'on voit être qualifié son père, dans une lettre de Mr Roch LE PICART d'Ablancourt (son beau-frère) et qu'il se qualifiait aussi lui-même, le 28 avril 1835, dans la lettre où il faisait part de son mariage avec Delle Élisabeth DE ROUOT ; (Archives : Con By. Liasse A ; II.), était le second enfant de Jean-Baptiste, Claude et de Delle Agathe-Suzanne DE NARCÉ. Il naquit à Angers, le 25 décembre 1798, et entra de bonne heure au service, puisque le 1er janvier 1816, il était déjà sergent, à la Légion départementale de la Mayenne. Le 26 mai 1820, il passa avec ce grade à la 1re Légion du Nord ; le 13 décembre suivant, il entra avec le grade de Sous-Lieutenant de Cavalerie, aux gardes du corps de Monsieur, comte d'Artois, frère du Roi : nommé garde du corps du Roi (compagnie de Rivière), le 16 décembre 1824, il fut promu garde de 2e classe, avec rang de lieutenant le 3 mars 1825, et passa le 1er juin 1826, à la compagnie de Noailles. L'année suivante il donna sa démission. (9 octobre 1827).

Il épousa à Nancy, le 28 avril 1835, Delle Marie-Élisabeth DE ROUOT, fille de Jean-Baptiste-Flavien DE ROUOT, ancien magistrat, membre du Conseil général de la Meurthe, chevalier de la Légion d'honneur, et d'Agnès-Marie-Scholastique DE BOUTEILLER, née à Nancy le 13 novembre 1813, et à cette occasion ainsi qu'il a déjà été dit tout à l'heure, il se qualifie ainsi dans la lettre de faire part de son mariage : « Le Chevalier Frédéric DE JOYBERT, etc... etc ..» Par une anomalie étrange et restée inexpliquée, puisque n'étant que le second fils de Jean-Baptiste, Claude, il ne se trouvait ainsi être le chef que du second rameau de la branche cadette, il prit le titre de Comte vers 185. . . Il résidait toujours au château de Bussy-aux-Bois, qu'il fit même rebâtir à la suite d'un incendie qui l'avait en partie consumé, en 185 . ; et c'est là qu'il mourut le 26 février 1870, et qu'il fut inhumé. Il laissait de son mariage avec Delle DE ROUOT, qui lui survécut et mourut à Nancy le 26 mars 1879, trois fils dont l'article viendra après celui de Joseph-Jérôme, leur cousin-germain.

XVI. a. Henri.

b. Arthur.

c. Gaston.

DU BOBERIL :
« d'argent, à 3 ancolies d'azur, posées 2 et 1 ».

La famille DU BOBERIL, originaire de Bretagne, était une des plus anciennes de cette province, où elle possédait la seigneurie dudit lieu, près de Tréguier. Les représentants actuels de la branche qui nous occupe, sont : le vicomte Roger du Boberil et son frère Henri capitaine d'artillerie, marié avec Demoiselle de Menou.

CORPS :
« d'or, au chevron d'azur, accompagné en chef de 2 Étoiles de gueules, et en pointe, d'une feuille de houx de sinople ».

La famille CORPS *, originaire de Troyes, possédait les seigneuries de Renaud et de Courcelles. A l'assemblée particulière de la Noblesse du bailliage de Troyes, et des bailliages secondaires de Nogent-sur-Seine et Méry-sur-Seine le 4 avril 1789, Jacques CORPS, chevalier, conseiller du Roi en son grand Conseil, seigneur de Saint-Phal, était secrétaire de l'Ordre de la Noblesse. (Archives nationales. B. III., p. 391-459).

* V. Armorial de l'Aube, par A. Roserot. Troyes : 1879.

XV. c. Madelaine-Hortense DE JOYBERT née en 1801, mourut à Rennes le 16 octobre 1872. Elle avait épousé à Vitry-le-François, le 9 juin 1819, René-Adrien-Théodore, vicomte DU BOBERIL, officier de la Maison du Roy, chevalier de la Légion d'honneur, son cousin-germain qui était né au château du Molant (Ille-et-Vilaine) le 23 février 1791 ; et y mourut le 6 juin 1850. Il était fils du second mariage contracté par René-Victor, comte DU BOBERIL, avec : Adrienne-Constance-Gertrude AVELINE DE NARCÉ, sœur aînée d'Agathe-Suzanne, femme de Jean-Baptiste, Claude DE JOYBERT ; et elle en eut deux enfants : une fille Adrienne, mariée au comte DU HAMEL dont elle eut postérité ; et un fils : Olivier-Jean, vicomte DU BOBERIL, chevalier du Saint-Sépulcre, décédé à Rennes, le 4 avril 1898, âgé de 74 ans et laissant de son mariage avec D[elle] DE COLBERT-CASTLE-HILL, deux fils : Roger, et Henri capitaine d'artillerie marié en juin 1898, avec D[elle] DE MENOU.

XVI.

XVI. a. Joseph-Jérôme DE JOYBERT, naquit à Angers le 14 mars 1825. Entré à l'École spéciale militaire il en sortit dans la cavalerie, et parvint au grade de Colonel. Il avait tout lieu d'espérer atteindre celui de Général, quand étant à Chartres, Colonel commandant le 2e régiment de dragons, des démêlés auxquels la politique n'était pas étrangère, surgirent entre des soldats de ce régiment, et des habitants de la ville. A la suite de ces incidents, il fut d'abord mis en disponibilité, puis admis à faire valoir ses droits à la retraite (1882) : il était à ce moment officier de la Légion d'honneur. Retiré dès lors dans sa propriété de Dureil (Sarthe), qu'il avait achetée en 1872, il y mourut le 5 février 1889, à la suite d'un refroidissement contracté, en allant rechercher la dépouille mortelle de son frère puîné : Frédéric, décédé lui-même quelques jours auparavant en Maine-et-Loire, ainsi qu'on l'a vu plus haut (p. 44) et il fut comme lui inhumé à Dureil.

Joseph-Jérôme avait épousé le 5 janvier 1858, au château de Renaud (1), D[elle] Anne-Joséphine-Marie CORPS, fille de Jacques-Odart CORPS et de Lucie-Marie-Joséphine MARCOTTE, née à Troyes le 7 mars 1839. Au moment de son mariage, Joseph-Jérôme se fondant sur le contrat de mariage où Jean-Baptiste, Philippe son trisaïeul, était qualifié de : « haut et puissant Seigneur Messire Jean-Baptiste, Philippe, comte DE JOYBERT, etc... » lors du mariage de Jérôme-Antoine son fils, avec D[elle] Anne-Charlotte DE SALSE ; prit comme il était le chef de la branche cadette de la famille DE JOYBERT, le titre de Vicomte, qu'il porta désormais, et que son fils aîné porte actuellement.

Du mariage de Joseph-Jérôme avec D[elle] Marie CORPS il est né cinq enfants (XVII) dont l'article suit :

---

(1) Château de Renaud, commune de Fresnoy (Aube).

SABATIER :

« de sable, à l'autruche d'argent, au franc-quartier senestre de gueules ».

La famille SABATIER originaire de Toulouse, fut anoblie sous le 1er Empire, dans la personne du général Sabatier, inspecteur général du génie, chevalier de Saint-Louis, grand'officier de la Légion d'honneur, qui reçut en même temps le titre de Baron. Il était le grand'père de Madame Henri DE JOYBERT, dont le père qui était Colonel du génie commandant cette arme à Strasbourg en 1870, lors du siège de cette ville, fut le dernier représentant de cette famille : il mourut en retraite à Paris, commandeur de la Légion d'honneur en 18 . . .

BARBIER DE LA SERRE :

« d'azur à trois flammes d'or, 2 et 1 ; et une Étoile d'argent en pointe ».

La famille BARBIER DE LA SERRE, originaire de l'Angoumois donna naissance à plusieurs branches, dont l'une s'était établie en Champagne. Sa noblesse qui lui est venue par les charges de robe, date du XVIIe siècle.

WATTELET :

« d'or, à 3 racines de sable posées 2 et 1 ».

La famille WATTELET, est une famille de noblesse de robe, originaire de l'Artois.

XVII. a. Jacques-Joseph-Frédéric-Marie, né à Milianah (Algérie), le 26 septembre 1860 : capitaine de cavalerie.

b. Lucie-Madeleine-Charlotte-Marie, née à Clermont-Ferrand, le 6 août 1862.

c. Maurice-Jules-Édouard-Marie, né à Mostaganem (Algérie), le 7 mars 1867 : officier de cavalerie. Il est mort à Niort le 15 avril 1900, son corps ramené à Dureil y a été enterré le 19.

d. Geoffroy-Jérôme-Marie, né à Libourne, le 8 décembre 1873, mort au château de Dureil le 13 juin 1882.

XVI (suite).

XVI. a. Marie-Frédéric-Henry, fils aîné de Frédéric DE JOYBERT et de D[elle] DE ROUOT, naquit à Nancy le 8 juin 1836 ; il mourut à Paris le 26 janvier 1875. Il demeurait au château de Bussy-aux-Bois, et avait épousé à Strasbourg, le 24 juin 1868, D[elle] Marie SABATIER, fille de Jean-Baptiste, Albert, Baron SABATIER, colonel du génie, officier de la Légion d'honneur, et de Louise DESÈVRES sa première femme, encore existante à ce moment ; née à Montrouge (Seine) le 8 décembre 1843 : elle mourut à Rennes le 18 décembre 1870, laissant de son mariage avec Henri DE JOYBERT un fils : Frédéric qui suit : (XVII).

XVII.

XVII. Frédéric-Marie-Jean-Baptiste-Louis, naquit à Rennes le 8 décembre 1870. Entré à l'École spéciale militaire de Saint-Cyr en 1889, il en sortit dans la cavalerie et fut nommé Sous-Lieutenant au 4e régiment de hussards, le 1er octobre 1891. Après un an de séjour au régiment il alla suivre les cours de l'École de cavalerie, à Saumur, et en sortit avec le n° 1 ; il y retourna comme officier d'instruction en 1897, et en sortit encore en 1898 avec le n° 1. Il épousa à Lille en 1896, D[lle] Marie-Thérèse BARBIER DE LA SERRE.

XVI (suite).

XVI. b. Arthur-Alexandre-Marie second fils de Frédéric DE JOYBERT et de D[elle] DE ROUOT, naquit à Nancy le 7 janvier 1838. Il entra dans la marine, mais la quitta lors de son mariage à Arras, le 2 février 1865, avec Marie-Jeanne-Eulalie WATTELET, fille de Louis-Constant et de Marie-Sophie-Ghislaine DE GHEUS, née à Arras le 31 mars 1843. Il mourut à Soulanges (1), le 23 avril 1877, sans laisser de postérité : et sa veuve après être entrée d'abord, au couvent de la Visitation d'Angers, en sortit quelques mois après, et épousa en secondes noces à Nancy, le 22 mars 1881, Félix-Marie-Gaston son beau-frère, que la mort prématurée de D[elle] D'ANDRÉ, sa femme avait laissé en butte aux difficultés de l'éducation de nombreux et jeunes enfants.

(1) Nouveau château bâti au village de Soulanges (Marne), dont les Joybert avaient été seigneurs dès le XVe siècle, et qu'avait acheté en 1872, Félix-Marie-Gaston, qui suit, mais qu'il ne conserva pas.

ANDRÉ :
« d'or, au saultoir de gueules » (1).

La famille D'ANDRÉ, originaire de Provence est une famille de noblesse de robe, alliée aux meilleures de cette province ; néanmoins, même en remontant au milieu du XVe siècle, on ne retrouve pas les traces de son annoblissement. Au commencement de ce siècle, l'Empereur d'Allemagne avait accordé à l'auteur de tous les d'André existants, le titre de Baron de l'Empire ; mais toutefois, l'exactitude de cette assertion, n'a pu être ni vérifiée, ni contrôlée. Plusieurs de ses membres ont porté et portent depuis la Restauration, les titres de Marquis et de Vicomte, (de Dumast).

GUERRIER
B[on] DE DUMAST :
« parti d'azur à une fasce d'or accompagnée de 2 croissants d'argent ; parti de gueules à 3 épées hautes, garnies d'or ; 2 et 1 ».

La famille GUERRIER originaire du Roussillon est venue à Paris en 1659 après le traité des Pyrénées et est exclusivement d'Épée. Elle reçut en la personne de Claude-Joseph-François, ancien commissaire-ordonnateur des guerres, chevalier de Saint-Louis, qui était venu s'établir à Nancy en 1779, un titre de baron que lui octroya Louis XVIII en 1817.

M. « Guerrier-Dumast » figure dans l'Almanach Royal pour 1789 (p. 198) comme commissaire des guerres à Nancy. Il était le trisaïeul de Charles-François-René.

WATTELET :
« d'or, à trois racines de sable, posées 2 et 1 ».

Pour la famille WATTELET voir plus haut.

(1) Artefeuil : Nobil[re] de Provence. Le Chesnaye-Desbois; T. I. p. 259.

XVI (suite).

XVI. c. Félix-Marie-Gaston DE JOYBERT 3e et dernier enfant de Frédéric et de D[elle] Élizabeth DE ROUOT, naquit au château de Bussy-aux-Bois, le 13 juillet 1841. Il épousa en 1res noces, le 5 mai 1868, au château de Ernemont-sous-Buchy (Seine-Inférieure), D[elle] Marie-Clotilde D'ANDRÉ, fille de Joseph-Adolphe, Baron D'ANDRÉ, ancien Écuyer du Roi Charles X, et de D[elle] Marie-Henriette GRENIER D'ERNEMONT, née à Paris le 18 janvier 1845. Elle mourut à Nancy le 1er février 1880 laissant de son mariage avec Gaston DE JOYBERT :

XVII. a. Mathilde-Marie-Élisabeth-Joséphine, née à la Feuillée (Seine-Inférieure) le 20 janvier 1869, mariée à Nancy les 8 et 10 janvier 1889, à Charles-François-René GUERRIER, Baron DE DUMAST, dont postérité.

b. Jean-Marie-Henri-Frédéric, né à Ypres (Belgique) le 11 décembre 1870.

c. Antoine-Marie-Joseph-Arthur, né aussi à Ypres, le 26 décembre 1871.

d. Suzanne-Marie-Françoise-Joséphine, née au château de Soulanges le 5 avril 1873, morte à Nancy le 11 avril 1879.

e. Pierre-Marie-Joseph, né à Soulanges le 4 mai 1874.

f. Henri-Marie-Louis-Joseph, né à Soulanges le 1er juillet 1875.

g. Gaston-Marie-Joseph-Édouard-Charles, né à Soulanges le 25 septembre 1876.

h. Marie-Joseph-Raoul-Claude, né à Nancy le 10 septembre 1878.

i. Arthur-Marie-Joseph-Gabriel, né à Nancy le 2 janvier 1880.

Devenu veuf le 1er février, par suite de la mort de D[elle] D'ANDRÉ, Félix-Marie-Gaston DE JOYBERT épousa en secondes noces à Nancy, le 22 mars 1881, D[me] Marie-Jeanne-Eulalie WATTELET sa belle-sœur, veuve sans enfants de son frère Arthur, qui était mort le 23 avril 1877, comme il vient d'être dit ci-dessus, et de ce second mariage sont issues deux filles :

XVII. a. Anne-Marie-Françoise-Josèphe, née à Nancy le 25 mars 1882. —

b. Marguerite-Marie-Josèphe, née aussi à Nancy le 16 septembre 1883.

Gaston de Joybert est fixé à Nancy, où il réside rue de l'Hospice.

CUISSOTTE :

« d'or, à la bande d'azur, chargée de 3 alérions d'argent, écartelé de gueules à l'aigle d'or ; et sur le tout ; d'azur au chevron d'argent accompagné de 3 besans d'or 2 et 1 ».

La famille CUISSOTTE, éteinte dans les mâles au commencement du XIXe siècle, figura au conseil de ville de Chaalons dès le milieu du XVe (Armorial ; p. 9) ; elle avait pour auteur, Robert CUISSOTTE qui vivait à Chaalons en 1400, et était dit-on, issu par sa mère des seigneurs de Dormans. Le 28 octobre 1484 ; Nicolas Cuissotte, lieutenant-général du bailli de Vitry déclare qu'il ne veut plus pratiquer, mais vivre noblement. (Concl. de ville ; Armorial ; p. 9). Elle fit par-devant Mgr de Caumartin, les preuves de sa noblesse, avec production de titres remontant jusqu'à 1447. Ses armoiries figurent au bas d'un vitrail dans l'église de Châlons :

DOMBALLE :

« de gueules, au chevron d'argent chargé de 3 quintefeuilles de sinople, et accompagné en pointe d'un casque d'or taré de front ».

Aucun renseignement n'a pu être découvert, concernant la famille DOMBASLE qui était cependant fort bien apparentée à Châlons, où D^elle^ Jeanne FERRÉ qui décéda le 10 janvier 1651, aagée de 88 ans, est dite sur sa dalle funéraire dans l'église N.-D. de Châlons : « femme de noble homme Claude DOMBASLE, vivant bourgeois de Chaalons » (Pierres tombales ; p. 226), et Pierre DOMBALLE, seigneur de Soulanges en partie, (à cause de sa femme), figura aux rooles établis en 1597, et déjà cités. (Armorial ; p. 30).

D. IV.

Branche dite : de PRINGY (1) qui s'éteignit au XVIIe siècle.

V.

V. Ainsi qu'on l'a pu voir plus haut : (Voir : p. 4 de ces recherches) ; Jean DE JOYBERT, écuyer, seigneur de Soulanges, avait épousé en premières noces D^elle Marguerite DE BALHAN ou BALEHAN dont il avait eu un fils : Jacques (1er du nom) qui continua la descendance directe : (Voir : p. 6). Étant devenu veuf, Jean de Joybert épousa en secondes noces : D^elle Nicolle BISSET ou BIZET, et c'est de cette seconde alliance que sortit la branche dite : DE PRINGY, ou « des Seigneurs DE PRINGY » ; branche qui était complètement éteinte, lorsqu'en 1668, les JOYBERT alors existants, firent par-devant Mgr de Caumartin les preuves de leur noblesse ; et c'est cette circonstance qui explique le silence de ce dernier, au sujet du second mariage contracté par Jean DE JOYBERT avec D^elle Nicolle BIZET, et de leurs quatre enfants qui furent :

VI. a. François (1er du nom) ; qui suit.

b. Remy ; qui entra dans les ordres et devint chapelain d'Aulnay-le-Chastel, le 1er juin 1543, après la résignation qu'avait faite de cette charge, son frère aîné François, qui en était titulaire.

c. Perrette ; qui épousa Nicolas CUISSOTTE, seigneur de Bierges : comme cette alliance n'est pas mentionnée parmi celles de la famille CUISSOTTE, lorsqu'elle fournit ses preuves par-devant Mgr de Caumartin, on est fondé à croire qu'ils n'eurent pas de postérité. Le lieu et la date de sa mort n'ont pu être découverts.

d. Margueritte ; qui épousa Pierre DOMBASLE, procureur fiscal de l'Évêché de Châlons ; elle en eut une fille : Marguerite, sur le compte de laquelle rien n'a pu être découvert, sinon qu'elle vendit en 1606, sa part de seigneurie à Soulanges et autres lieux, à Noël JACOBÉ, qui était devenu son cousin-germain, par suite de son alliance avec Louise DE JOYBERT, fille de son oncle François. (Voir ci-après ; p. 50).

VI.

VI. a. François (1er du nom) ; écuyer, seigneur de Soulanges et de Pringy, embrassa d'abord la vie religieuse, et était clerc au diocèze de Chaalons, lorsque « sur la demande et supplication » de Messire Jacques DE JOYBERT, (son frère

(1) Pringy, canton et arrondissement de Vitry-le-François (Marne).

DES FORGES ou D'EFFORGES : « d'azur, au chevron d'argent chargé de cinq croix fleuronnées, au pied fiché, de sable, et accompagné de 3 massacres de cerf, d'or ».

La famille DES FORGES ou D'EFFORGES, parut au conseil de ville de Châlons au milieu du XVe siècle, (Noble Pierre D'EFFORGES, élu 1506 : Armorial ; p. 12), et fit les preuves de sa noblesse, par-devant Mgr de Caumartin, au mois de novembre 1670, avec production de titres remontant au 22 janvier 1503 ; parmi lesquels il est dit : « Marguerite DES FORGES, femme de François JOIBERT ». (Caumartin ; Preuves des Forges, IV).

Le nom de : Noble Jacob D'EFFORGES ; figure également pour l'année 1622, aux rooles déjà mentionnés. (Armorial ; p. 34).

DE LALLEMAND : « de sable, au chevron d'or, accompagné de 3 étoiles de même, celle de la pointe surmontée d'un besan aussi d'or ».

Jean LALLEMAND II, écuyer, seigneur de Lestrée, eut confirmation de sa noblesse par un arrêt rendu au parlement de Paris, le 19 janvier 1611, et par un autre arrêt rendu à la Cour des Aydes, le 29 janvier 1615 (Caumartin ; Preuves de Lallemand) et fut admise par Mgr de Caumartin au mois d'octobre 1670, sur production de titres remontant à 1529. Jean I avait été gouverneur municipal de Châlons en 1541 (Armorial ; p. 30) ; et Mre André LALLEMAND, seigneur DE MONTBAYEN, contrôleur des taille en l'Élection, figure aux rooles du 10 juillet 1597. (Ibidem ; p. 19).

Cette famille s'est éteinte dans les mâles, dans la famille DE MORDAUNT, marquis DE MASSIAC (Ibidem ; p. 19).

ADAM : « d'azur, au chevron d'or, surmonté d'une croisette de même, et accompagné de 2 roses d'argent, en chef,

La famille ADAM avait comme armoiries, celles indiquées ci-contre, et qui ont été communiquées mais sans preuves, par Mme Louis JACOBÉ DE GONCOUR.

Aucun renseignement la concernant, n'a pu être découvert sur son compte, sinon que Jehan ADAM, notaire qui demeurait à Chaalons, rue des Cordelliers, est porté sur le roole de la taxe des grains ordonnés être mis en

issu du 1er mariage de son père), il obtint la collation de la Chapelle du château d'Aulnay, que venait d'acquérir ledit Jacques, et il en prit possession le 20 février 1540 (Acte dudit jour) ; mais il ne persista pas dans sa vocation, et résigna ces fonctions dans lesquelles il fut remplacé par son frère puîné : Remy, qui y fut installé le 1er juin 1543. (Acte de ce jour).

François DE JOYBERT épousa après contrat passé, le 28 mars 1545, devant « Jehan Pasques et Ambroyse Jacobé, notaires royaux au bailliage de Vermandois, demeurants à Chaalons », dam[lle] Marguerite DES FORGES ou D'EFFORGES (Armorial ; p. 12), Dame de Pringy, fille de Guillaume DES FORGES, seigneur de Pringy, de la Motte et de Germinon qui en 1547, « était conseiller du Roy esleu à Chaalons », et de Guillemette TARTIER sa femme. Il demeurait à Châlons, où en 1572, il se rendait acquéreur suivant acte fait et passé devant « Jean de Pinteville et Jacques Rousselle, notaires royaux au bailliage de Vermandois, demeurant à Chaalons » ; d'une « pièce de vigne assise au terroir de .... que lui vendait son neveu Pierre DE JOYBERT, écuyer, seigneur de Coulemiers et de Soulanges en partye, demeurant audict Chaalons », et en 1575, (le 2 ou le 12 janvier), il donnait « adveu et dénombrement des héritages qui lui étaient advenus et escheus en ligne directe, par le déceds et trespas de feu Jehan DE JOYBERT, son père, vivant écuyer, sieur de Soulanges, et qu'il tenait en plain fief et arrière-fief du Roy, à cause de son château de Vitry. »

La date et le lieu de sa mort sont restés ignorés, de même que pour Marguerite DES FORGES sa femme, dont il avait eu cinq enfants (VII).

VII.

VII. a. Élisabeth était l'aîné des enfants de François DE JOYBERT et de Marguerite DES FORGES ; elle épousa Michel L'ALLEMAND (Aliàs) : Jean LALLEMENT, avocat en parlement demeurant à Châlons, dont elle eut postérité.

Les biens dont elle avait hérité à Soulanges, furent acquis en 1620, par Claude DE JOYBERT, seigneur de Soulanges et d'Ablancourt.

VII. b. Anne DE JOYBERT était le second enfant de François et de Marguerite DES FORGES : elle avait épousé Louis ADAM, sur le compte duquel il n'a pu être rien retrouvé. Les biens dont Anne DE JOYBERT avait hérité à Soulanges, furent acquis par Jacques PARCHAPPE DE MORAMBERT, fils de François PARCHAPPE et de Marie DE JOYBERT, petite-fille de Pierre, cousin-germain d'Anne DE JOYBERT.

et d'une corne d'abondance aussi d'argent, en pointe ».

réserve à Châlons en 1521, pour 10 setiers de blé et 4 d'avoine (Armorial ; p. 50).

GUILLEMIN :
« d'azur au Lion d'or, armé et lampassé de gueules ».

De même que pour la famille ADAM, il n'a pu être rien découvert qui concerne celle des GUILLEMIN, dont les armoiries ont été communiquées, comme il vient déjà d'être dit pour les ADAM.

JACOBÉ :
« d'azur, au fer de moulin d'argent, entre deux épis d'or tigés et feuillés, liés en pointe de même ».

La famille JACOBÉ, ancienne famille de Vitry qui subsiste encore aujourd'hui, forma de nombreuses branches, qui prirent les noms des fiefs qu'elles possédaient en totalité ou en partie : (Soulanges, Norrois, Goncour, Arambécourt, de la Franchecourt, Montvaux... etc...) et portaient pour armoiries, celles indiquées ci-contre, avec des brisures différentes selon les diverses branches. Cette famille n'avait pas été maintenue par Mgr de Caumartin, lors de sa recherche en Champagne, mais elle le fut plus tard par Larcher.

JACOBÉ :
« Voir ci-dessus ».

Pour la famille JACOBÉ ; voir ci-dessus.

COLLINET :

Sans aucuns renseignements.

RAULET :

Pour la famille RAULET ; voir plus haut ; p. 15 ; verso ; où elle est déjà mentionnée, à cause de l'alliance de Jérôme de Joybert (IIe du nom), avec Delle Madeleine Raulet.

VII. c. Marguerite DE JOYBERT fut le troisième enfant de François et de Marguerite DES FORGES : elle épousa Claude GUILLEMIN, procureur au bailliage de Châlons, et ce fut lui qui vendit les biens que sa femme possédait à Soulanges, partie au Sr PARCHAPPE, de Morambert, partie au Sr BIDAULT, laboureur.

VII. d. Louise DE JOYBERT, qui était le 4e enfant de François et de Marguerite DES FORGES, épousa à Vitry, le 30 janvier 1581, Noël JACOBÉ, écuyer, fils de Gilles « licentié ès-loix et avocat à Vitry », et de Madeleine MILLET, et elle en eut postérité. Noël JACOBÉ né le 6 juillet 1557, était procureur du Roy en l'Élection de Vitry, et devint Seigneur de Soulanges, (pour partie), par l'acquisition faite à Marguerite DOMBASLE, tante de sa femme (p. 48), de sa part dans cette seigneurie.

Le mariage de Noël JACOBÉ avec D[elle] Louise DE JOYBERT, avait été précédé d'un contrat passé à Chaalons, le 26 décembre 1580, en l'hôtel du S[r] DE JOYBERT par-devant Me de Pinteville, notaire ; on y voit que : « ledit François DE JOYBERT père de la fiancée, se qualifiait : Seigneur de Soulanges, et Marguerite DES FORGES sa mère, Dame de Pringy ; que ils demeuraient à Châlons sur la paroisse de N. D. ; qu'ils donnaient à leur fille, en faveur du mariage, trois cents écus sols et des habits nuptiaux, et qu'ils paièrent la moitié des frais de noce ».

VII. e. François DE JOYBERT, IIe du nom, écuyer, seigneur de Pringy, fut le 5e et dernier enfant de François (Ier du nom) et de Marguerite DES FORGES : il épousa damoiselle Rachel JACOBÉ, fille de Jean JACOBÉ et d'Hélène AUBELIN. Il n'avait eu, pas plus que ses sœurs, aucune portion de seigneurie à Soulanges, parce que leur père avait vendu ses droits à Claude CUISSOTTE, seigneur de Baïarne, suivant contrat passé en 1575 devant Me Gillet, notaire à Vitry.

Du mariage de François DE JOYBERT (IIe du nom), avec D[elle] Rachel JACOBÉ sont issus trois enfants :

VIII. a. Jean qui va suivre.

b. Rachel DE JOYBERT ; mariée le 15 mai 1616, à Germain COLLINET, avocat au Parlement. (Sans autres renseignements).

c. Daniel DE JOYBERT ; dont l'article viendra après celui de son frère Jean.

VIII.

VIII. a. Jean DE JOYBERT, écuyer, fils aîné de François (IIe du nom) et de Rachel JACOBÉ, qui demeuraient à Pringy, fut baptisé le 30 janvier 1606 ; son parrain était : Mre Jean JACOBÉ son grand'père, et sa marraine : Marie JACOBÉ. Il épousa dam[lle] Edmée RAULET, fille de Jacques RAULET, seigneur de Vitry-la-Ville et de Souain, et de D[elle] Élisabeth BERBIER. De cette union, il ne sortit qu'une fille : Marie, qui suit. (IX).

OSTOME :

« d'azur, à deux roses d'or boutonnées du champ en chef, et une gerbe de blé aussi d'or, liée de gueules, en pointe ».

Sans autres renseignements.

Ces armoiries sont celles que d'Hozier indique pour cette famille (d'Hozier : Armorial général mnst ; Champagne ; 1696 ; p. 227). Il est fait mention d'elle dans l'ouvrage sur l'Élection de Vitry-le-François, par Vaverai.

GARNIER :

« d'azur, à l'Épée d'or mise en bande, la pointe en bas, accompagnée en chef, d'une fleur de lys, et en pointe d'un rameau aussi d'or ».

Sans autres renseignements.

Ces armoiries sont celles qu'indique La Chesnaye-Desbois pour cette famille.

IX.

IX. Marie DE JOYBERT, fille de Jean et d'Edmée RAULET, naquit le 16 février 1636. Elle mourut célibataire, à une date qui n'a pu être retrouvée, et avec elle s'éteignit ainsi la branche de la famille DE JOYBERT; dite : de Pringy, dont elle fut le dernier représentant du nom.

VIII (suite).

VIII. c. Daniel DE JOYBERT, seigneur de Pringy, fut le troisième et dernier enfant de François (IIe du nom), et de Delle Rachel JACOBÉ ; il avait épousé Delle Madeleine OSTOME dont il n'eut qu'une fille unique : Rachel, née en 1620 ; qui suit.

IX.

IX Rachel, fille unique de Daniel DE JOYBERT, et de Delle Madeleine OSTOME, et qui était née en 1620, épousa Jacob GARNIER, seigneur du Hochot « qui entre autres enfants a eu une fille mariée à Daniel Tabart, duquel est issue Esther Tabart, mariée à Luxémont à M. David Varnier père du deffunct, mort à Fougères ». (Note insérée dans le dernier registre déposé au greffe de Vitry, en l'an 1606).

La branche de la famille de Joybert, dite : DE PRINGY, avait probablement embrassé la religion protestante dite : réformée ; ou du moins quelques uns de ses membres l'avaient fait. Les noms bibliques donnés à ses rejetons permettent de le conjecturer avec d'autant plus de vraisemblance, qu'on trouve une note de Mr Varnier, qui a fait une ample généalogie des familles protestantes de Vitry, qui est conçue dans ces termes :

« Ce François Joibert, était père de Daniel de Joibert, seigneur de Pringy, lequel Daniel avait épousé en 1619, Magdelaine Ostôme duquel mariage est issue une fille unique appelée Rachel de Joybert, qui a épousé Mr Jacob Garnier, seigneur du Hochot.... etc.... (Voyez ci-dessus) », et elle devait être éteinte dès 1657, puisque l'inventaire fait à cette époque (v. p. 73 v°) ; n'en fait pas mention.

La notice qu'on vient de lire sur la branche de la famille DE JOYBERT, dite : DE PRINGY, et qui s'éteignit au XVIIe siècle a été établie d'après les renseignements puisés presque intégralement, dans la Recherche faite par M. le baron de Dumast.

LE GORLIER :

« d'argent à la fasce de gueules chargée d'une coquille d'or, et accompagnée de 3 merlettes de sable, 2 en chef et 1 en pointe ».

Pour la famille LE GORLIER ; voir plus haut, p. 11 verso.

TRUC :

« d'azur, au croissant d'argent, surmonté d'une étoile d'or, et accompagné de 3 palmes de même posées 2 et 1 ».

Pour la famille TRUC ; voir plus haut, p. 10 verso.

E. V.

Branche dite : de Coullemiers et de Soulanges, d'où sortit le rameau qui alla au Canada, et en Acadie (1668) ; et qui s'y éteignit en 1766.

VII.

VII. c. Pierre DE JOYBERT, écuyer, seigneur de Coullemiers, Soulanges et Ablancourt, troisième fils de Jaques, et de Louise BIZET, (v. p. 6) ; était à la fin de l'année 1552, avec ses frères Guillaume et Jean, sous la tutelle et curatelle de Jehan DE JOYBERT (Ier du nom), leur grand'père ; il avait partagé le 2 août 1577, avec son frère Jean, les biens qu'avait délaissés en mourant, leur frère Guillaume décédé sans hoirs, de son mariage avec Roberte FERET. Il mourut avant le 15 janvier 1601, après avoir épousé en 1580, Delle Perrette LE GORLIER qui lui survécut, et ne mourut elle-même que avant le 16 août 1607. Il était né de leur mariage, cinq enfants :

VIII. a. Jaques ; qui suit.
b. François ;
c. Claude ; dont la descendance viendra après celle de son frère Jaques (v. p. 53).
d. Louise, et e. Perrette, Aliàs Marguerite (1).

VIII.

VIII. a. Jaques DE JOYBERT, écuyer, seigneur de Coullemiers, Soulanges en partie et Ablancourt, partagea avec ses frères en 1607, la succession de leur père, et mourut à Soulanges où il fut inhumé, le 9 novembre de la même année. Sa pierre tombale conservée dans la nouvelle église, porte aux deux angles supérieurs, les armoiries des JOYBERT, et aux inférieurs, celles des TRUC dans des losanges. L'épitaphe qui y figure est ainsi conçue : « Cy gist Jaques de Joibert, escuïer, seigneur de Coullemiers qui décéda le 9e jour de novembre 1607, très-regretté de .... Priez Dieu pour luy ».

Il avait épousé à Châlons, paroisse Saint-Éloi, le 15 janvier 1601, damoiselle Louise TRUC, fille de noble homme Jérôme TRUC, procureur du Roy et de Delle Jeanne LE GOIX. Il en avait eu deux enfants : Jérôme qui suivra, et Jeanne de Joybert (IX, a ; et IX, b ; pages 53, 54). — Devenue veuve le 9 novembre 1607, ainsi qu'il vient d'être dit, Louise TRUC se remaria après contrat passé le 4 novembre 1608 (Archives : Cton A ; 2 ; 2 pièces), avec Jérôme DE JOYBERT (Ier du nom) cousin-germain de son mari défunt, veuf lui-même de Madelène BRAUX, et elle en eut postérité (v. pl. haut ; p. 11).

---

(1) Il existe une Généalogie des Joibert (Dossiers bleus de d'Hozier ; vol. 369) qui est muette à leur sujet et ne parle que de 3 fils : Jaques, François, et Pierre qui dut vraisemblablement mourir jeune.

MAUCLERC :

« d'azur, à un verrou d'argent, accompagné de trois trèfles d'or, posés 2 en chef et 1 en pointe ».

Des renseignements détaillés concernant la famille MAUCLERC, n'ont pu être découverts, toutefois, Jean MAUCLERC figure aux rooles de 1597 déjà cités, (Armorial ; p. 30) et il a été trouvé aussi que : Jean-Baptiste, Mathieu MOLÉ DE CHAMPLATREUX, qui fut président à Mortier au parlement de Paris, avait épousé à Châlons, le 13 mars 1702, D^elle LE GORLIER DE DROUILLY, dont la mère était D^elle MAUCLERC ; suivant toutes probabilités, c'est à cette famille que l'on voit figurer à l'état-civil de Châlons, avec de très-belles alliances pendant tout le XVIIIe siècle, qu'il faut rattacher la première femme de Claude DE JOYBERT.

BRISSIER :

« d'argent, à un chevron brisé de gueules, accompagné en chef de 2 panaches d'azur, et en pointe d'une tête de more de sable bandée d'argent ». *

Sans autres renseignements.

* V. d'Hozier : Armorial général de la Bibl. Nat. 1696 ; Champagne ; p. 343.

La famille LANGAULT, dont était issue la mère de Claude BRISSIER, 2e femme de Claude DE JOYBERT (Ier du nom), possédait la seigneurie de Marson, et c'est ainsi que Pierre leur 3e enfant, qui alla au Canada (v. p. 58), devint seigneur dudit Marson, dont il prit souvent le nom au Canada, où il avait donné ce nom de Marson, à une concession qu'il y avait reçue; (Charlevoix; histoire de la Nouvelle-France ; table alphabétique, v. Marson). Cette concession était peu éloignée de celle qu'il avait reçue précédemment, et à laquelle il avait donné le nom de Soulanges.

GERVAISOT :

« Tiercé en fasce, d'or à la canette de sable, et d'azur au lévrier courant d'argent ».

La famille de GERVAISOT, qui vers 1550, habitait déjà la Folie, (paroisse de Saint-Genest, aujourd'hui réunie à Saint-Remy-en-Bouzemont, chef-lieu de canton, arrondissement de Vitry-le-François (Marne), fut confirmée dans sa noblesse, en 1698, par Larcher qui avait succédé comme Intendant en Champagne, à Mgr de Caumartin.

BEAUDIER :

« d'argent, à trois têtes de more de sable, tortillés du champ, 2 et 1 ».

La famille de BEAUDIER, originaire de Champagne, fut maintenue dans sa noblesse, par Mgr de Caumartin, au mois de mars 1668, sur production de titres remontant à 1457.

HAALÉ :

«

Aucun document concernant la famille HAALÉ, n'a pu être retrouvé ; mais selon toutes probabilités, Dam^lle Louise-Françoise HAALÉ devait être la sœur de D^elle Marie HAALÉ, fille de deffunct Jean HAALÉ, seigneur de la Chaussée, et de Mutigny, et de D^elle Anne DE SAINT-REMY, laquelle Marie HAALÉ

VIII. b. François DE JOYBERT, second enfant de Pierre et de Perrette LE GORLIER, entra dans les ordres : il partagea avec ses frères la succession de leur père en 1607, et devint prieur de Passe-Loup. (Passe-Loup-lez-Saint-Dizier où était le prieuré de Saint-Thiébaut).

VIII. c. Claude DE JOYBERT (Ier du nom), écuyer, seigneur de Soulanges et d'Amblancourt, 3e fils de Pierre et de Perrette LE GORLIER, était encore mineur sous la tutelle de Geoffroy Gorlier, son grand'père, le 10 août 1607, (Dossiers bleus de d'Hozier ; vol. 369), et il était mort avant le 11 juin 1653 ; il avait comparu à l'arrière-ban en 1635, et fut en 1642 curateur de sa petite-fille Madelène, fille de Claude (IIe du nom) et d'Antoinette DE HANDRESSON (v. p. 54). Il avait épousé en premières noces, suivant contrat passé à Vitry, le 3 novembre 1609 par-devant Jean Henriet et Nicolas Jacobé, notaires, Dam^lle Madeleine MAUCLERC dont il eut quatre enfants : Claude (IIe du nom), François tués au service du Roy, Nicolas tué pareillement au service du Roy, Perrette décédée fille (v. p. 54 : et Inventaire de 1657 ; p. 74 v°) (IX 1 ; et IX 2).

Devenu veuf de Madeleine MAUCLERC, Claude DE JOYBERT (Ier du nom) se remaria à Châlons le 2 juillet 1633, après contrat passé devant Mes Guillemin et Rambourgt, notaires, et religieusement le même jour à la paroisse de Saint-Alpin, avec Damoiselle Claude BRISSIER, fille de feu noble homme Michel BRISSIER, et de D^elle Marie LANGAULT * demeurant en ladite paroisse de Saint-Alpin. De ce second mariage de Claude de Joybert (Ier du nom), avec D^elle Claude Brissier naquirent sept enfants : (IX. 2.) A. Michel ; B. Marie ; C. Pierre ; D. Marguerite ; E. Claude ; F. Jacques ; G. Anne. Leur article viendra tout à l'heure, après celui des enfants de Jacques, frère aîné de leur père ; et après celui de Perrette et de Claude (IIe du nom) enfants issus du premier mariage de Claude (Ier du nom), avec D^elle Madeleine MAUCLERC. (Voir plus loin, p. 55).

VIII. d. Louise DE JOYBERT, qui était le quatrième enfant de Pierre et de Perrette LE GORLIER, épousa Zacharie DE GERVAISOT, seigneur de la Folie, lequel vivait encore au mois de décembre 1608 : on ignore s'ils eurent de la postérité. La date de la mort de Louise DE JOYBERT est restée inconnue.

VIII. e. Perrette (Aliàs) Margueritte DE JOYBERT, fut le 5e et dernier enfant de Pierre et de Perrette LE GORLIER ; elle épousa en 16.., Guillain DE BEAUDIER, seigneur de Berzieux, capitaine au Régiment de Boisrufin, fils de Jean, seigneur de Berzieux et de Guillaine DE CONDÉ, et elle en eut postérité.

IX.

IX. a. Jérôme DE JOYBERT, écuyer, seigneur de Coullemiers, fils de Jacques et de Louise TRUC sa femme en 1res noces, fut baptisé à Châlons, paroisse de Saint-Éloi, le 21 mars 1703. Il épousa Dam^lle Françoise HAALÉ, fille de Jean, seigneur de la Chaussée, dont il eut trois enfants : (X) ; a, Louise ; b, Anne ;

avait épousé le 9 juillet 1637, suivant contrat signé : J. Oury, notaire à Saint-Amand, Jean DE CASTRE, écuyer, seigneur de Vaux, fils de Simon DE CASTRE et de Charlotte DE MONTGUYON.

PRIN-MAYET :

Sans aucuns renseignements.

RAULET :

« d'azur, à un lys d'argent ouvert, tigé et feuillé de 4 feuilles d'or, chargé de 3 tafs de sable, celui du milieu renversé ».

Pour la famille RAULET, voir plus haut p. 15 v°.

HANDRESSON :

« d'azur, à la fasce d'or accompagnée en chef, de 3 croissants d'argent, et en pointe, de 3 hures de sanglier d'or, 2 et 1 ».

La famille DE HANDRESSON, originaire d'Ecosse, fit par-devant Mgr de Caumartin, les preuves de sa noblesse, au mois de novembre 1668, avec production de titres remontant à 1502.

et c, Hiérosme. Il mourut prématurément, puisque c'est le mardi 20 octobre 1635, que fut constitué le conseil de famille des enfants mineurs dudit Hiérosme, et la garde-noble de leurs personnes et de leurs biens, était laissée à Françoise HAALÉ, leur mère.

X.

X. a. Louise DE JOYBERT, l'aînée des enfants de Hiérosme et de Delle HAALÉ, dame de Coullemiers, épousa le Sr PRIN-MAYET, natif de Mantoue, capitaine au Régiment de Duras, et de ce mariage descendirent MMrs des FORGES, qui au XVIIIe siècle étaient seigneurs de Coullemiers.

X. b. Anne DE JOYBERT, resta célibataire et dut mourir au commencement de l'année 1679, à Soulanges, où « le cinquième jour du mois de febvrier mil six cent soixante et dix-neuf » ; elle faisait recueillir ses dernières volontés, par : « maistre Jean Paris, prestre curé de l'église parochiale de Saint-Hylaire à Soulanges » ; qui constate qu'à ce moment, elle était : « au lict malade, saine toutefois d'esprit..... » etc.

X. c. Hiérosme était le troisième enfant issu du mariage de Hiérosme avec Delle Louise HAALÉ : Il fut tué au service du Roy. Voilà tout ce que dit à son égard l'Inventaire de 1657. (Voir p. 74 v°).

IX (suite).

IX. b. Jeanne DE JOYBERT, était le second enfant issu du mariage de Jérôme avec Delle Louise TRUC, sa femme en 1res noces ; elle épousa par contrat de mariage du 8 septembre 1634, signé : J. Oury, notaire à Saint-Amand, (Caumartin : Preuves de Raulet) ; Pierre RAULET, écuyer, seigneur de Mutigny et de Soüain, fils de Samson RAULET, écuyer, et de Delle Marguerite BERBIER ; et elle en eut postérité.

IX. 1. Perrette DE JOYBERT, premier enfant de Claude Ier du nom, et de Demlle Madeleine MAUCLERC, sa première femme, naquit à une date restée ignorée, et celle de sa mort n'a pu non plus être précisée ; elle mourut célibataire, et avait en mourant, chargé la terre de Drouilly (1) de 3 livres de censive envers l'église de Soulanges.

IX. 2. Claude DE JOYBERT (IIe du nom), écuyer, seigneur de Soulanges, second enfant de Claude (1er du nom), et de Madelène MAUCLERC, né en 16 . . , fut tué au service du Roy en 1642. Il avait épousé suivant contrat passé devant Me Nicolas des Bœufs, notaire à Livry, le 15 avril 1641, damelle Antoinette DE HANDRESSON, fille de Jacques DE HANDRESSON, seigneur de Louvercy,

---

(1) Drouilly, village près de Pringy, canton et arrondissement de Vitry-le-François (Marne).

BEAUVAIS :
« d'argent, à 3 pals de gueules ».

La famille DE BEAUVAIS, originaire de Flandre, était venue s'établir en Champagne, et c'est là qu'elle fit par-devant Mgr de Caumartin, les preuves de sa noblesse, avec production de titres remontant à 1538.

Livry et les Grandes-Loges (1), chevalier de la Sainte-Ampoule, et de D^elle^ Madeleine DES FORGES, dont il avait eu une fille : Madeleine (X). — Devenue veuve en 1642, Antoinette DE HANDRESSON se remaria le 4 juillet 1644, après contrat passé devant le même notaire, que lors de son premier mariage, avec Philippe DE THANNOIS, dont elle eût trois enfants : Charles-François, enseigne au régiment de Couvonges, Françoise, et Antoinette DE THANNOIS ; (Caumartin : Preuves de Handresson) qui figurèrent comme héritiers de Dame Marie LE CAUSSONNIER, avec Madelène DE JOYBERT, leur sœur utérine.

X.

X. Madeleine DE JOYBERT, fille de Claude (IIe du nom) et d'Antoinette DE HANDRESSON, naquit en 1642, et ayant perdu son père cette année même, elle fut placée sous la tutelle de sa mère, et la curatelle de son grand'père Claude (Ier du nom). Émancipée dès 1662, elle fit en 1668, les preuves de sa noblesse, par-devant Mgr de Caumartin, et se fit maintenir au procès-verbal. Elle épousa Louis DE BEAUVAIS, seigneur d'Autruche (2), où il demeurait, fils de Louis, écuyer, seigneur d'Autruche, Vrizy, Neuville et Châtillon-sur-Bar, et de D^elle^ Barbe D'ERMY. En août 1667, il était âgé de 23 ans seulement, (ce qui lui donne environ 2 ans de moins que sa femme Madeleine de Joybert) ; et il était lieutenant au régiment de du Plessis-Praslin. Il eut cinq enfants de son mariage, et mourut à Autruche, le 20 septembre 1717. Le 3 novembre 1680, Mre Louis DE BEAUVAIS (lui ou son père) rendait foy-hommage pour sa terre de Vrizy, à Mre Philippe DE JOYBERT parent déjà éloigné de Madelène sa femme, (Archives : C^on^ 1 ; 6 ; n° 4) qui lui survécut, et mourut ailleurs qu'à Autruche, qui après le décès de son mari devint la propriété de Louise-Dieudonnée-Judith DE BEAUVAIS sa cousine-germaine, femme de Louis-François DE MAILLART, seigneur de Landreville, lequel était oncle de D^elle^ Scholastique DE MAILLART, qui fut la belle-mère de Madeleine-Hortense DE JOYBERT.

IX. 2.

IX 2. A. Michel DE JOYBERT, écuyer, seigneur de Soulanges, était l'aîné des enfants issus du second mariage que contracta Claude (IIe du nom), avec D^elle^ Claude BRISSIER, le 2 juillet 1633. Lieutenant au régiment d'Espagny, « il alla en Hongrie, à l'armée de France auxiliaire contre les Turcs. 1664, il était

(1) Louvercy, Livry, les Grandes-Loges ; { Louvercy et Livry, } canton de Suippes, arrondissement de Châlons (Marne). Les Grandes-Loges, canton et arrondissement de Châlons (Marne).

(2) Autruche, canton de Le Chesne, arrondissement de Vouziers (Ardennes).

LINAGE :

« de gueules, au sautoir engreslé d'or, cantonné de 4 fleurs de lys du même ».

Pour les détails concernant la famille LINAGE, voir plus haut : p. 19, verso.

PARCHAPPE :

« d'azur, au chevron d'or accompagné de 3 colombes d'argent, becquées et onglées de gueules, 2 en chef, et 1 en pointe ».

La famille PARCHAPPE, qui fit les preuves de sa noblesse, par-deva Mgr de Caumartin, en septembre 1667, avait été anoblie au mois d'août 159 par lettres-patentes du Roy Henry IV, « en reconnaissance et pour récompen des services spécifiez dans les dites lettres, et par lesquelles était anobly Je Parchappe, ainsi que Pierre, Nicolas, Toussaint et François Parchappe, s enfants, lesquelles lettres avaient été enregistrées au greffe de la Cour des Ayde par arrêt du 1er avril 1594 ». (Caumartin : Pr. de Parchappe, I.) Le fief Morambert que possédait la famille Parchappe qui en avait ajouté le nom sien, était assis à Hautteville et Blaises, et était mouvant du Roy à cause de s château de Saint-Dizier. (Vaverai : art. Hauteville ; p. 226).

GERVAISOT :

« Tiercé en fasce, d'or à la canette de sable, et d'azur au lévrier courant d'argent ».

Pour la famille de GERVAISOT, voir plus haut ; p. 52, verso.

nommé capitaine et mourut à Lespic, frontière de Boëme suivant le certificat du 31 mars 1665, du frère François-Sidoine, religieux, aumônier audit régiment, et constatant ce déceds ». (Caumartin ; Pr. de Joibert ; VI).

Michel avait épousé à Vitry, le 13 février 1662, après contrat passé devant Me Jean Gœury, notaire audit Vitry, damoiselle Marie LINAGE, fille de François LINAGE, écuyer, seigneur de Cuys et de Loisy, lieutenant au régiment de Vaubecourt, et de damoiselle Suzanne d'ANDELIN. Marie LINAGE qui fut marraine de la Cloche de Soulanges, le 4 juillet 1702, n'avait eu de son mariage avec Michel DE JOYBERT, qu'un fils : Claude (X) qui suit, dont elle était tutrice en 1665, après la mort de Michel son père, et qui fut maintenu avec elle au procès-verbal de Mgr de Caumartin, en 1668. (Bibl. Nat. : Dossiers bleus de d'Hozier, vol. 369).

X.

X. Claude DE JOYBERT, fils de Michel et de Marie LINAGE, mineur en 1665 sous la tutelle de sa mère, assistait en 1672, à Québec, au mariage de son oncle Pierre (IX. 2. C) ; et mourut célibataire à Soulanges (France), après 1695.

IX. 2. (suite).

IX. 2. B. Marie DE JOYBERT, dame en partie de Soulanges, née en 163 . , était le second enfant de Claude IIe du nom et de Claude BRISSIER ; elle épousa en 1657, François PARCHAPPE, seigneur de Morambert (1), lieutenant dans le régiment de Genséri, fils de Memnon PARCHAPPE, écuyer, receveur des tailles de l'Élection d'Épernay, et de Dlle Élisabeth MAUCLERC : elle mourut au château de Soulanges, le 12 mai 1702, « aagée de 60 ans ou environ » dit son acte de décès.

IX. 2. C. Pierre qui suivra la descendance, et dont l'article viendra après celui de sa sœur Anne (IX. 2. G.) (Voir plus loin ; p. 58).

IX. 2. D. Marguerite DE JOYBERT, fut le quatrième enfant issu du mariage de Claude (Ier du nom) avec Delle Claude BRISSIER. Elle naquit à Soulanges, où elle fut baptisée, le 13 juillet 1644. Elle épousa Paul DE GERVAISOT, seigneur de la Folie, mais on ignore si elle en eut postérité. Elle fit son testament à la Folie, où elle habitait, le 3 septembre 1707, par-devant Jean REGNARD, notaire à Arzillières, (Archives de la Marne : Série E ; 855) et elle y exprima le désir que son corps fût enterré à Soulanges : « dans l'endroit où ses prédécesseurs sont

(1) Morambert ; fief mouvant d'Arzillières et situé sur le finage de Huiron, (Marne).

DENIS : « de gueules à l'aigle éployée d'argent ».	La famille de DENIS, originaire de Bourgogne, était venue se fixer en Champagne, et c'est là qu'elle fit par-devant Mgr de Caumartin les preuves de sa noblesse, avec production de titres remontant à 1528.
TRUDAINE : « d'or, à trois daims de sable posés 2 et 1 ».	La famille TRUDAINE, originaire de Picardie, y fut maintenue dans sa noblesse, les 4 janvier 1698, et 28 juin 1701. (Revue de Picardie : Tome III ; 2e série ; et, P. Royer, op. cit. p. 359).

enterrés ». — Elle mourut le même jour à la Folie, et fut suivant son désir, inhumée le lendemain à Soulanges.

IX. 2. E. Claude DE JOYBERT (IIIe du nom), écuyer, naquit à Soulanges et il y fut baptisé le 16 mars 1647 ; il était lieutenant au régiment d'Espagny, et prit part avec ce corps aux campagnes de Hongrie, dont il était de retour en 1663, et fit en 1668, les preuves de sa noblesse par-devant Mgr de Caumartin.

Il épousa en 16 . . Anne DE DENIS, née vers 1658, fille unique de Louis DE DENIS, écuyer, seigneur de Chasteaubruslé, capitaine au régiment de Belzunce et de Duras, et de Damelle Catherine DE BAUSSANCOUR. De cette union sont nées deux filles : Françoise et Anne (X ; a et b) dont l'article suit immédiatement.

X.

X. a. Françoise DE JOYBERT, Dame de Soulanges, des Aires (1), Fauennes et autres lieux, fut marraine de la grosse cloche de Soulanges, le 26 avril 1722, et épousa vers 1724, Jean TRUDAINE, seigneur de Fourdrinoy (2), capitaine de cavalerie au régiment de la Ferronnaie, né à Amiens le 27 décembre 1686, fils de Jean TRUDAINE, seigneur du Quesnoy et de Fourdrinoy, capitaine au régiment de Royal-Vaisseaux, et de Marie-Françoise EUDEL ; et elle en eut postérité.

X. b. Anne DE JOYBERT, Dame de Soulanges et de Bétignicourt (3), était le second enfant de Claude (IVe du nom) et de Delle Anne DE DENIS ; elle resta célibataire et mourut après le 29 mars 1746, date à laquelle elle était encore marraine à Soulanges.

IX. 2. F. Jacques DE JOYBERT, seigneur en partie de Soulanges, où il était né et avait été baptisé le 4 juillet 1649, était le 6e enfant de Claude (Ier du nom) et de Claude BRISSIER, sa seconde femme : il fut enseigne au régiment de Dampierre, et assista en 1672 à Québec, au mariage de son frère Pierre, (v. p. 58) avec Delle Marie CHARTIER DE LOTBINIÈRE, il servit au Canada, et mourut célibataire à une date qui n'a pu être découverte ; le lieu de sa mort est également resté ignoré.

IX. 2. G. Anne DE JOYBERT qui fut le 7e et dernier enfant de Claude (Ier) et de Claude BRISSIER, fut baptisée à Soulanges, le 21 avril 1652, et elle vivait encore en 1668. — Sans autres renseignements.

---

(1) Les Aires, fief dépendant de Donnemant (Marne).

(2) Fourdrinoy, arrondissement d'Amiens (Somme).

(3) Bétignicourt, annexe de Donnemant, fief venant des Baussancour, ainsi que les Aires.

CHARTIER,
Marquis DE LOTBINIÈRE : « de gueules, au bâton alésé et accoté d'argent, soutenant 2 perdrix d'or, accompagné en pointe, de 3 lys au naturel tigés et feuillés, issant d'un tertre de sinople ».

La famille CHARTIER était au XIVe siècle de noblesse dijonnaise, (Revue nobiliaire historique de Dumoulin ; an 1872) et vint se fixer en 1416 au Canada, où elle fut connue sous le nom DE LOTBINIÈRE ou LOTBIVIÈRE, et elle y reçut au milieu du XVIIIe siècle, un des rares titres de marquis qui aient été accordés à des gentils-hommes canadiens, suivant lettres de marquisat données à Versailles le 25 juin 1784, et enregistrées à la Cour des Comptes de Paris, le 21 avril 1785, en faveur de Michel CHARTIER DE LOTBINIÈRE, capitaine d'infanterie, chevalier de Saint-Louis, qui était entré au service comme cadet, dans les troupes royales de la marine. Monsieur CHARTIER DE LOTBINIÈRE obtint en 1685, une concession sur la rivière du Chesne (Canada), contiguë d'un côté à celle du Sr Charles D'AMOUR (père probablement d'Élisabeth

IX (suite).

IX. 2. C. Pierre DE JOYBERT, écuyer, seigneur de Soulanges et de Marson (1), fut le troisième enfant de Claude (Ier) et de Claude BRISSIER ; il était cornette au régiment de Bricquemault, et servait en 1668, en Portugal, dans l'armée auxiliaire de France, lorsqu'il fit par-devant Mgr de Caumartin, les preuves de sa noblesse. (Caumartin ; Preuves de Joibert ; VI).

Il passa ensuite au Canada, où servant comme lieutenant dans la compagnie d'infanterie de Mr de Grandfontaine, du régiment de Poitou qui en 1670, poursuivait sa campagne de Pentagoët à Jemsek, il occupa le 2 septembre de cette même année 1670, Port-Royal, rejoignant ainsi les anciens établissements des Acadiens. C'est probablement en récompense de cela, qu'il fut nommé d'abord major de Pentagoët, et commandant des forts de Gémésik et de la rivière Saint-Jean, puis, qu'il fut fait major de l'Acadie, et qu'il reçut le 20 octobre 1672 une concession, à laquelle il donna le nom de Soulanges, en souvenir de la seigneurie de ce nom, que possédait en France sa famille ; concession qui était établie en ces termes : « .... avons concédé au sieur Joybert, de Marson, de Soulanges, lieutenant en la compagnie d'infanterie de Mr de Grandfontaine, du régiment de Poitou, et major de l'Acadie .... 4 lieues de front à prendre à l'Est de la Rivière Saint-Jean .... avec la maison du fort de Jemsek dont il jouira, pour autant de temps seulement, qu'il aura la commission de commandant de ladite rivière, pour lui donner lieu de se loger .... etc... etc... le 20 octobre 1672, par Talon ». (Registre des Concessions d'Acadie) et le même jour il en était encore donné une autre, de 2 lieues de front sur la rivière Saint-Jean, à la suite du précédent, jusqu'à la mer, au sieur JOYBERT de Soulanges. (Ibidem).

Pierre DE JOYBERT dut se rendre aux Anglais, le 7 août 1674, et fut emmené en captivité à Boston : il fut relâché en 1676, et revint prendre son commandement ; ce fut alors que comme indemnité de sa captivité et de ses pertes, il reçut le 16 octobre 1676, la propriété du fort de Gémesek, (voir : pièces justificatives ; p. 78 v°). Il avait épousé à Québec le 17 octobre 1672, Delle Marie-Françoise CHARTIER, née probablement en 1647, à Paris (où ses parents se seraient mariés, le 16 août 1641), fille de Louis-Théantre, et de Élisabeth D'AMOUR, (Dictionnaire généalogique des familles Canadiennes, par Mgr Tanguay). Ainsi qu'il a été dit plus haut, Jaques DE JOYBERT frère de Pierre (IX. 2. F.), et Claude (fils de Michel) son neveu vinrent assister à ce mariage. Il mourut on doit le supposer en Acadie, avant le 1er juillet 1678, puisque c'est à cette date, que le Sr DE LA VALLIÈRE qui était appelé à lui succéder, prit possession de ses fonctions. (Charlevoix ; Histoire de la Nouvelle France ; Édition in 1/4° ; T. III, p. 362) ; et sur le rôle qu'il joua au Canada,

(1) Marson, arrondissement de Châlons (Marne).

qui épousa Louis-Théantre CHARTIER) ; et de l'autre, à celle du sieur DE SAINT-OURS. (V. Pièces justificatives : p. 79).

Cette famille éteinte aujourd'hui, établissait sa filiation jusqu'à Philippes, receveur des Tailles en 1374, et René-Pierre CHARTIER, conseiller au parlement de Paris, grand'père de Marie-Françoise qui épousa Pierre DE JOYBERT, avait été médecin de Louis XIII, et son professeur de manège. Monsieur Louis-Théantre CHARTIER avait épousé vers 1672 D[elle] D'AMOUR, de Clignancourt, et de ce mariage était nés deux enfants : René-Louis, et Marie-Françoise qui épousa Pierre DE JOYBERT.

et les concessions qu'il y reçut, voir : (Une colonie féodale en Amérique, par Rameau de Saint-Père ; 1re édition ; p. 128, 129, 134, 141, 142, 145, 163, 204 et 206).

Pierre DE JOYBERT était qualifié : « Mr de Marson, de Soulanges » d'après les noms donnés par lui aux concessions qu'il avait reçues, en souvenir de ceux des fiefs possédés en France, par sa famille ; dans la concession qui lui était faite le 16 octobre 1676 du fort de Jemsek, et dans la confirmation et gratification faite le 1er mars 1693, des concessions faites au nom de Sa Majesté en 1691 : « par lesquelles le Roy ratifie et confirme la concession qu'ont faite Frontenac et Champigny, à Dame Marie-Françoise CHARTIER, veuve du Sr de Marson ci-devant commandant en Acadie, d'une terre sur la rivière Saint-Jean de 4 lieues de front sur 2 lieues de profondeur, vis-à-vis la concession du Sr de Chauffour, pour en jouir à titre de fief et de seigneurie ». (Voir plus loin : Pièces justificatives ; p. 79).

Restée veuve en 1678, comme il vient d'être vu, Madame DE JOYBERT reçut encore plus tard cependant, le 1er mars 1693, une nouvelle concession seigneuriale, (Pièces justificatives ; p. 79). Malgré cela elle revint en France au commencement du XVIIIe siècle, et en 1721, elle habitait Paris et tint place à la Cour de Louis XV sous le nom de Madame DE MARSON. De son mariage avec Pierre DE JOYBERT étaient nés trois enfants : (X), Louise-Élisabeth, a ; Pierre-Jacques qui va suivre, b ; et Lucie-Élise, c. L'article de ces deux filles viendra après celui de leur frère Pierre-Jacques, qui suit, et de sa descendance. (V. p. 61).

X.

X. b. Pierre-Jacques DE JOYBERT, seigneur de Soulanges et de Gémeseck, au Canada, second enfant de Pierre et de Marie CHARTIER DE LOTBINIÈRE, naquit à Québec le 8 juillet 1677. Il fut enseigne de vaisseau et capitaine d'une compagnie franche de marine. Étant venu en France, en 1696, et se trouvant à Paris, il y fit enregistrer ses armes par d'Hozier : car on voit en effet, dans l'Armorial général manuscrit de la Bibliothèque Nationale (Tome II ; p. 193) : « Pierre-Jacques DE JOYBERT, écuïer, seigneur de Soulanges, enseigne de vaisseau, porte : d'argent à un chevron d'azur, surmonté d'un croissant de même (1) et accompagné de trois roses de gueules tigées et feuillées de sinople ». Il avait obtenu le 23 octobre 1702, au confluent de l'Ottawa et du Saint-Laurent une concession seigneuriale très-considérable, à laquelle il donna aussi le nom de Soulanges, en souvenir de celle que son père avait eue en 1672. Cette nouvelle seigneurie forme actuellement, la plus grande partie du Comté de Soulanges, l'une des plus fertiles circonscriptions du Canada, peuplée aujourd'hui d'une population encore entièrement française et catholique, de 10.200 âmes.

---

(1) Le croissant avait été pris d'azur, comme brisure probablement, de même que François de Joybert (1er du nom), écuyer, seigneur de Pringy, portait les roses ; tigées et feuillées de gueules, ce qui constituait une autre brisure. (Portrait de Louise de Joybert, femme de Noël Jacobé en 1581).

BÉCARD DE GRANVILLE :

Aucun document n'a pu être retrouvé sur le compte du père de Marie-Anne BÉCARD DE GRANVILLE, sur lequel on ne sait rien, sinon qu'étant originaire de la paroisse Saint-Eustache à Paris, il était en 1696, lieutenant d'une compagnie du détachement de la marine, lorsqu'il reçut une petite seigneurie au Canada : il devait toutefois avoir une certaine naissance, puisque le Gouverneur et l'Intendant ont été tour à tour, parrains de ses enfants, qui moururent jeunes, à l'exception de Marie-Anne qui devint la femme de Pierre-Jacques DE JOYBERT.

LE MOYNE DE LONGÜEIL :

« d'azur, à trois rosettes d'or, au chef cousu de gueules chargé de 3 étoiles d'or, et 2 croissants de même au milieu ».

Supports : 2 sauvages tenant chacun une flèche.

Cimier : un sauvage de même.

La famille LE MOYNE DE LONGÜEIL était originaire des environs de Dieppe, et fut anoblie par Louis XIV, (Lettres du mois de mars 1668). Sa seigneurie de Longüeil fut même à cette occasion, érigée en Baronie transmissible aux femmes.

(Bibliothèque Nationale ; Collection Chérin ; vol. 138).

Pierre-Jacques épousa le 7 novembre 1702, (à Québec probablement), Damoiselle Anne-Marie BÉCARD DE GRANVILLE, et mourut aussi à Québec, où il fut enterré dans la cathédrale, le 16 janvier 1703.

En 1707, Madame DE GRANVILLE, veuve de M[r] DE SOULANGES (c'est-à-dire Dame Anne-Marie BÉCARD DE GRANVILLE, veuve de Pierre-Jacques DE JOYBERT), obtint encore une nouvelle concession seigneuriale, qui porte encore aujourd'hui, le nom de Granville dans le Comté de Kamouraska.

De leur union naquit une enfant posthume : (XI) Marie-Geneviève, qui suit.

XI.

XI. Marie-Geneviève DE JOYBERT, Dame de Soulanges au Canada, naquit à Québec après la mort de son père, le 6 octobre 1703, et elle y fut baptisée le même jour ; elle avait pour parrain : le marquis DE VAUDREUIL, son oncle, qui venait d'être nommé Gouverneur général (v. plus loin ; p. 61). Elle épousa à Québec, le 19 novembre 1728, Joseph LE MOYNE, chevalier DE LONGÜEIL, né le 7 septembre 1701, au château-fort de Longüeil (Canada), fils de Charles LE MOYNE, baron DE LONGÜEIL, chevalier de Saint-Louis, gouverneur de Montréal, et de D[elle] SOUART D'ADONCOURT. Marie-Geneviève mourut à Soulanges du Canada, le 12 novembre 1766, après avoir eu de son mariage 11 enfants qui tous moururent jeunes, sauf deux : Joseph-Dominique-Emmanuel, et Marie-Geneviève LE MOYNE DE SOULANGES. (XII ; qui suivent).

XII.

XII. a. Joseph-Dominique-Emmanuel LE MOYNE DE LONGÜEIL, né le 2 avril 1738 au manoir de Soulanges du Canada, suivit la carrière des armes et devint colonel : il mourut à Montréal, le 19 janvier 1807, sans laisser postérité du mariage qu'il avait contracté en 1770, à Montréal avec la veuve du chevalier DE BONNE DE LESDIGUIÈRES. — (Voir à ce sujet, la brochure publiée sur lui en 1890, à Montréal, par Monsieur Monongahéla, Villemonde de Beaujeu).

XII. b. Marie-Geneviève LE MOYNE DE SOULANGES, née et baptisée à Montréal le 21 septembre 1735, y mourut également le 23 décembre 1803. Elle y avait épousé le 22 février 17 . . , Louis LIÉNARD DE BEAUJEU, dont elle a laissé des descendants, qui possèdent encore la Seigneurie de Soulanges, et sont aujourd'hui au Canada, les seuls représentants de cette branche de la famille DE JOYBERT, qui y joua un rôle si honorable, et y subsista en nom pendant près d'un siècle, (1670-1766).

RIGAUD DE VAUDREUIL : « d'argent, au lion de gueules armé, lampassé et couronné de même ».

La famille RIGAUD DE VAUDREUIL, originaire de Languedoc, est de très-ancienne extraction, car Charles RIGAUD, chevalier, baron DE VAUDREUIL, mort au mois de mai 1580, remontait sa filiation jusqu'à Pierre RIGAUD, qui vivait l'an 1249.

Dès l'an 879, il est fait mention d'un « abbé RIGAUD de la famille des nobles RIGAULDS » *(Ex familia nobilium Rigaldorum)* et vers 1426, Jean RIGAUD un de ses membres, était chevalier de Malte.

Philippes DE RIGAUD DE VAUDREUIL, dit : Le marquis DE VAUDREUIL dont nous nous occupons ici, était le chef de la seconde branche, dans laquelle passèrent les nombreuses seigneuries, et les biens de la branche aînée, à la mort de Charles DE RIGAUD, dernier représentant de cette première branche.

(Armorial général des registres de la noblesse de France, par Louis-Pierre d'Hozier et d'Hozier de Sérigny, juges d'armes de France ; p. 261, 262).

Un comte DE VAUDREUIL est mentionné en 1789, comme étant chevalier de l'Ordre du Saint-Esprit depuis le 1er janvier 1784 ; et il l'est également « comme Lieutenant général, grand-croix de Saint-Louis, du service de mer ». (Almanach royal pour 1789 ; p. 211 et 219).

X (suite).

X. a. Louise-Élisabeth DE JOYBERT, premier enfant de Pierre, et de Marie-Anne CHARTIER, naquit le 18 août 1675, à Rivière Saint-Jean l'une des concessions de son père en Acadie, et fut baptisée le 16 juin 16 . . seulement, à Québec : son parrain était le comte DE FRONTENAC, gouverneur général du Canada, et sa marraine, Élisabeth D'AMOUR, sa grand'mère maternelle. Elle épousa à Québec, le 21 novembre 1690, Louis-Philippes DE RIGAUD, chevalier, seigneur et baron DE VAUDREUIL, qui devint successivement, capitaine des vaisseaux du Roy, gouverneur et lieutenant-général pour Sa Majesté au Canada, gouverneur de Montréal au Canada et de Revel en Lauraguais, grand'croix de l'Ordre Roïal et militaire de Saint-Louis, fils de Louis DE RIGAUD, chevalier, baron DE VAUDREUIL, cornette commandant l'arrière-ban de la Sénéchaussée en Lauraguais, et de D[elle] Marie DE CHASTEAU-VERDUN. Il mourut à Québec au château de Saint-Louis le 10, et fut inhumé le 13 octobre 1725, « aagé de 82 ans », ce qui le ferait naître vers 1643. Il avait été fait marquis DE VAUDREUIL en . . . . . , à raison de ses éminents services.

Le 29 juillet 1715, ayant l'expectative du Cordon rouge, et le portant depuis deux ans, sans en avoir la pension, il eut celui devenu vacant par la mort de Ducasse (Journal de Dangeau : T. 15 ; p. 461).

La marquise DE VAUDREUIL avait été choisie en 1713, par le Roi Louis XIV, pour être sous-gouvernante du Duc d'Alençon, fils du Duc et de la Duchesse de Berry, né à Versailles dans la nuit du 25 au 26 mars 1713, sur les bons témoignages qu'avaient rendu sur elle la marquise de Pompadour, gouvernante, et beaucoup d'autres (Journal de Dangeau : T. 14 ; p. 373). Le Duc d'Alençon étant mort au mois d'avril suivant, son corps fut emporté à Saint-Denis, et son cœur au Val de Grâce. Dans le carrosse où on le porta, il y avait l'évêque de Séez à la première place, portant le cœur, Madame de Pompadour et Madame DE VAUDREUIL sous-gouvernante. (Ibidem : T. 14 ; p. 385). De même en 1714, la Duchesse de Berry étant accouchée d'une fille posthume qui ne vécut que 12 heures, le corps de la petite princesse fut porté de Versailles à Saint-Denis le 18, dans un carrosse où se trouvaient avec le corps, Mgr l'Évêque DE SÉEZ, Madame DE POMPADOUR, Madame DE VAUDREUIL et le Curé de Versailles, à la portière. (Ibidem : T. 15 ; p. 167).

Antérieurement, il avait été jugé et gagné par elle une affaire, au cours d'un conseil de dépêches tenu par le Roi dans l'après-dînée du lundi 24 octobre 1712 (Ibid. : T 14 ; p. 247) et plus tard, le 30 avril 1715, Sa Majesté lui donna une pension de mille écus (Ibid. : T. 15 ; p. 409) : « tant en considération des services distingués, du S[r] marquis DE VAUDREUIL, dont elle avait tout lieu d'être satisfaite, que, de ce que par la cession faite aux Anglais, de l'Acadie dont

son père était commandant, elle aurait perdu tout son bien, consistant en trois terres qu'elle y avait...... etc..... ».

Louise-Élisabeth était marraine à Rochefort, le 30 novembre 1725, de Louise-Élisabeth, fille de Mre Louis-Philippes RIGAUT, chevalier, comte DE VAUDREUIL (l'un de ses fils), et de Dame Catherine-Élisabeth LEMOINE DE SÉRIGNY, et elle était représentée à cette cérémonie par D^elle^ Élisabeth HÉRON. (Archives : C^on^ 2 ; B ; n° 4) : et elle mourut à Paris, au mois de janvier 1740, peu de jours après y avoir fait son testament le 19 du même mois.

Par exception, et vu l'éclat de cette alliance, il sera mentionné que Damoiselle Louise-Élisabeth DE JOYBERT, Dame DE VAUDREUIL, eut de son mariage avec Philippes RIGAUD, d'abord Baron puis Marquis DE VAUDREUIL à raison de ses services, huit fils et trois filles. Sur les huit fils six seulement ont vécu, sur lesquels il y eut : 3 grand'croix, 1 commandeur et 2 chevaliers de l'O. R. et Mre de Saint-Louis : bien qu'on lise dans l'Armorial général des Registres de la noblesse de France, par Louis-Pierre d'Hozier et d'Hozier de Sérigny, juges d'armes de France, p. 262 : « Les quatre enfants de Louis-Philippes DE VAUDREUIL sont morts en 1746, 1755, 1756 et 1760 ». — Une de ses filles : Marie-Louise avait épousé le 21 novembre 1719, Gaspard DE VILLENEUVE, écuyer, seigneur de la Croizille et de Saint-Germain, demeurant audit lieu de la Croizille en Languedoc, diocèze de Lavaur et généralité de Toulouze, qui était né le 12 mai 1687.

Elle en eut plusieurs enfants, et entre-autres : Louise-Charlotte DE VILLENEUVE DE LA CROIZILLE qui naquit le 26 septembre 1724, et fut reçue à Saint-Cyr le 13 août 1734, (d'Hozier : art. Villeneuve ; 2e partie ; p. 640).

X. o. Lucie-Élise DE JOYBERT, seconde fille et troisième enfant de Pierre, et de Marie CHARTIER, était née le 18 août 1678, dans l'habitation sur la rivière Saint-Jean qui appartenait à son père (Revue nobiliaire historique de Dumoulin : année 1872), mais c'est tout ce qu'on sait sur son compte, car il n'a pu être découvert aucun renseignement la concernant.

Les recherches qu'on vient de lire sur cette branche de la famille de Joybert, sont empruntées pour la majeure partie au travail si complet de M^r^ le baron R. DE DUMAST, travail pour lequel les renseignements recueillis sur Pierre (I) DE JOYBERT, et sur sa descendance, ont été communiqués par : Mr Rameau de Saint-Père, auteur de l'ouvrage cité sur l'Acadie (p. 59), par Mr Hector Fabre, agent général du Canada à Paris ; et par M^r^ l'abbé Verseau, principal de l'École Jacques Cartier, à Montréal qui tous les trois et spécialement le dernier, ont bien voulu donner des renseignements nombreux et précis.

PREUVES

ET

PIÈCES JUSTIFICATIVES

En 1097, le comte Hugues de Champagne (1093-1125), qui au moment des fêtes de Pâques, était avec sa cour à Molesmes, eut deux sénéchaux dont l'un était Gosbert ou Josbert, dit : le Roux. « *Gosbertus rufus* » qu'on voit investi de ces fonctions en 1097, 1101, 1118 et 1121 ; et en cette même année 1097, il fut témoin d'une charte octroyée par le comte Hugues, à l'abbaye de Molesmes. (Fondation du prieuré d'Isles ; (Aumont) : Archives de la Côte-d'Or ; 2e cartulaire de Molesmes, fos 36, vo et 37, ro. — d'A. de J ; T. II ; p. 159). Josbert le Roux, dit aussi Josbert Ier, était vicomte de Dijon « *vice-comes Divionensis* », qualification dans laquelle il ne faut pas voir un indice de hiérarchie nobiliaire, ainsi qu'on le fait actuellement, mais qui à cette époque, s'appliquait à des fonctionnaires dont la charge était héréditaire, et qui prenaient place dans les rangs du baronage féodal.

Il était parent de Saint-Bernard, dont parait-il, le premier miracle s'accomplit en sa faveur, avant 1127. (*Sancti Bernardi vita prima; Liber I. Auctore Guillelmo apud Mabillon* * : et, *Sancti Bernardi opera*, 3e édit. ; vol. II ; p. 1080, 1081). — Le bibliographe de Saint-Bernard nous apprend également (Ibidem) ; que Josbert Ier dit le Roux, eut un fils du même nom que lui, Josbert II, mais on n'a aucune donnée sur l'année de sa naissance, pas plus que sur celle où mourut Josbert Ier, qui en 1101, était encore témoin d'une charte (no 77) octroyée par le comte Hugues à l'abbaye de Saint-Loup à Troyes, (d'A. de J ; T. II ; p. 73, 160 ; et T. III, p. 407, 409).

Josbert II fut aussi vicomte de Dijon, comme l'avait été son père, (cette charge étant héréditaire comme on l'a vu tout à l'heure), et il a été conservé plusieurs chartes ou diplômes où il est mentionné, notamment une charte non datée, mais approuvée par Godefroid, évêque de Langres (1139-1163) ; (Archives de la Haute-Marne ; Cartulaire de Longay ; pièce cotée : de Vésigneul, III). Josbert II est appelé dans cette pièce : « *Josbertus de Firmitate* (de la Ferté) *vice-comes Divionensis* » ; (Plancher ; histoire de Bourgogne ; I ; Preuves XXXVIII) ; de même en 1132, (Dom Bouquet, XV ; 374 D).

En 1118, Gosbertus qualifié ici de dapifer, (charge qui était une des prérogatives du sénéchal, lequel en principe était le lieutenant-général du comte, et consistait à mettre les plats sur la table de son seigneur, les jours de cérémonie), fut témoin d'une charte, (no 87 ; original, Archives de l'Aube) octroyée par le

---

* Dom Jean-Baptiste Mabillon, de l'ordre de Saint-Benoît, de la Congrégation de Saint-Maur, l'un des plus habiles hommes de son siècle, honoraire de l'Académie Royale des Inscriptions et Belles-Lettres, connu par ses excellents écrits. Il était né au diocèse de Reims : Colbert l'envoya aux dépens du Roy, faire un voyage en Allemagne pour y observer ce qu'il verrait de plus curieux dans les bibliothèques. Mgr Le Tellier, archevêque de Reims, lui fit faire un voyage en Italie pour le même sujet, aux dépens de Sa Majesté ; il mourut le 27 décembre 1708, âgé de 76 ans dans l'abbaye de Saint-Germain-les-Prés. » (Mém. historiques de Champagne par Baugier ; T. II ; p. 185).

comte Hugues, à l'abbaye de Marmoutiers, et sur l'ordre du comte, il y apposa sa signature, ainsi que d'autres officiers attachés à sa personne (d'A. de J ; T. III ; p. 421). En 1122 ou 1125 au plus tard, il fut encore témoin d'une charte du comte Hugues, (original : Archives de l'Aube) pour le chapitre de la cathédrale de Troyes, (d'A. de J ; T. III ; p. 422).

En 1137, Eudes fils putatif du comte Hugues, fit valoir sur le comté de Champagne des prétentions qui ne furent point couronnées de succès, malgré l'appui que leur donna un moment le Roi Louis VII. Ce prince, en effet, voulant mettre un frein à l'ambition de Thibaut, traversa la Champagne, et vint mettre le siège devant « Victry en Perthois qui fut prins et bruslé ». Eudes, qui était marié dès 1137, avait épousé Sibille, nièce de Josbert II de la Ferté, vicomte de Dijon, et vraisemblablement on peut le supposer, petite-fille de Josbert Ier, sénéchal du comte Hugues, (d'A. de J ; T. II ; p. 145, 146) ; et si d'autre part, nous nous en rapportons aux Mémoires historiques de Champagne, par Baugier, 1721 : nous y voyons : (T. I ; p. 115), que Sibille était non pas la nièce, mais la fille de Josbert II, et qu'elle aurait épousé vers 1045, (c'est-à-dire un siècle environ plus tôt, qu'il a été vu précédemment), Eudes qui était à ce moment veuf en premières noces de la comtesse d'Aumale ou Aubermale, que lui avait fait épouser le Duc de Normandie, chez lequel il s'était retiré ; et ajoute Baugier : « Cette alliance est justifiée par plusieurs titres des abbayes de Clervaux, Auberives, Arcies et autres. Eudes est mentionné ainsi que son épouse Sibille, sous le nom de : Odo Campanensis (Eudes le Champenois ou de Champagne) dans un titre de l'abbaye d'Arcies dont la date se lit très-difficilement, mais qu'on croit être de l'an 1047, (Mém. histor. de Champagne, par Baugier ; (T. I ; p 115). Dans un autre titre de l'abbaye d'Auberives, qui est sans date, Eudes le Champenois de l'aveu de Sibille sa femme, accorde aux religieux de ce monastère : Exemption du péage sur toute l'étendue de ses terres. — Par un autre titre de l'abbaye de Clervaux, de l'an 1049, Eudes et Sibille sa femme ratifient le don fait à cette abbaye, par Josbert II, vicomte de la Ferté sur Aube, et enfin, par un autre encore de l'an 1045 : « l'Évêque de Langres déclare que Josbert, vicomte de Dijon et sa femme Gertrude, ont donné à l'abbaye d'Auberives, une maison qu'ils avaient dans Dijon, à quoy ont consenti Eudes le Champenois et Sibille sa femme, apparemment parce que Eudes était gendre et Sibille fille des donateurs ; car autrement, le consentement n'y eût pas été nécessaire *. (Mém. histor. de Champagne ; T. I ; p. 116) ».

* On se trouve donc de la sorte, en présence de faits qui ont été accomplis par les mêmes personnes, mais à des dates qui d'après la première hypothèse, les rendraient antérieurs d'un siècle à l'époque que leur assigne la seconde. Il y a lieu cependant, de tenir cette dernière pour exacte, à cause des faits postérieurs à ceux dont nous venons de parler, faits dont Baugier ne s'était pas préoccupé, et dont la date a pu être précisée depuis, ce qui confirme l'authenticité des dates assignées par d'Arbois de Jubainville.

Josbert II fut témoin en 1143, de l'hommage que Thibaut rendait comme Comte de Blois au Duc de Bourgogne. (Pérard ; p. 227).

En 1147, Josbert de la Ferté devant partir pour Jérusalem, à la suite de Henri le Libéral, (fils aîné et successeur de Thibaut), qui accompagnait le Roy Louis VII, avec lequel il se mit en route, immédiatement après la Pentecôte (8 juin 1147), fit à l'abbaye de Clairvaux une donation : (Cartulaire de Clairvaux ; Comitum Campanie ; V ; et Campigni X) et sa femme Gertrude figure également dans ces deux actes, (d'A. de J ; T. II ; p. 160).

Il y avait à ce moment, à la Cour des Comtes de Champagne, un sénéchal nommé Hagano ou Hagenier, qui vivait encore en 1191 (Cartul. de Clairvaux, ultra Albam, XXV), mais qui à cette date n'était plus sénéchal, et qui fit en 1151 à l'abbaye de Saint-Germain-des-Prés, une donation dont Josbert fut l'un des témoins : (Lgn : Breve de Acmanto. De Pago Senonico. Charte de donation dont furent témoins « Tetrannus et Josbertus atque Hilbertus presbyter ». — Polyptyque de l'abbaye de Saint-Germain-des-Prés, rédigé du temps de l'abbé Irminon) *.

En 1168, Joubert de Grancey fut témoin d'un accord entre le Duc de Bourgogne et l'Évêque de Langres, au sujet des murs de Châtillon-s-Seine. (Brussel ; Usage général des fiefs ; 384).

En 1170, c'est un Josbert qui était investi des fonctions de chambrier **

---

* Publié d'après le mnst. de la Bibl. Nat., par Aug. Longnon ; Chap. XIV ; 1 bis.

** Les chambriers étaient chargés de l'administration des finances des comtes, et cela, jusques vers la moitié du XIIIe siècle : on est donc bien fondé à croire qu'en 1179, le comte Henri fut accompagné en Palestine, par celui qui remplissait ces fonctions auprès de lui. Bien que les rôles de Henri Ier, ne mentionnent que trois personnages qualifiés de chambriers ou chambellans : Artaud, Joubert et Hagenier (celui sans doute désigné sous le nom de Hagano), on connaît cependant quatre personnes qui furent revêtues de cette dignité, sous le comte Henri Ier ; le premier fut Pierre Bursaud, à qui succéda son fils Abram ou Abraham, le principal fut Ertaud ou Artaud de Nogent qu'on trouve en fonctions, dès 1158, et qui de 1164 à 1179, figura comme témoin de 103 chartes octroyées par le comte Henri Ier : il continua d'exercer cette charge près de la comtesse Marie, sa veuve, car on trouve qu'il est témoin de la charte n° 327, octroyée par elle en 1182 ; et sous le comte Henri II, il l'était de celle n° 374 octroyée en 1188. C'est lui qui fit bâtir le château de Nogent-l'Artaud (près Château-Thierry — Aisne) et c'est de son nom que cette petite ville a formé la seconde moitié du sien. On trouve encore quatre autres chambriers d'Henri : Isambard en 1154, Josbert de 1170 à 1183, Aubert de Milly en 1172, Ebrard en 1173. Isambard peut bien avoir été le chambrier de la comtesse Mathilde, mais on pourrait se demander si les deux derniers exercèrent effectivement cette charge, et si ce titre n'est pas une simple qualification. Ce doute n'est pas possible pour Josbert, qui fut témoin de cinq diplômes d'Henri : (1170 : n° 175. — 1178 : n° 289. — 1179 : n°s 301, 304. — 1184 : n° 329 et qui conserva sa dignité sous la comtesse Marie. Il est à remarquer, que Henri eut pendant la plus grande partie de son règne, plusieurs chambriers en même temps ; d'abord Pierre Bursaud avec Artaud 1158-1164 ; et ensuite Artaud avec Josbert 1170-1179 ; et enfin Habran (Hagano ou Hagenier) en 1178. On peut supposer qu'il y avait un chambrier en chef, Pierre Bursaud jusqu'en 1164, Artaud depuis cette date, et un ou plusieurs chambriers adjoints ; Artaud avant 1164, Josbert et Habran depuis. (d'A de J, T. III ; p. 127 et suivantes).

du comte Henri Ier, et qui les conserva de 1170 à 1183, laps de temps durant lequel il était témoin de chartes ou diplômes, octroyés par le comte Henri, notamment : (an 1170 ; n° 165 : an 1178, n° 289 : an 1179 ; n°s 301, 304).

Après la mort du comte Henri, il conserva ces fonctions sous la régence de la comtesse Marie, sa veuve ; et les remplissait encore en 1183, puisqu'à ce moment, il était témoin de la charte (n° 329) octroyée par celle-ci (d'A. de J ; T. III ; p. 188 ; et Tome IV ; p. 502). En 1179, Henri le Libéral s'étant croisé de nouveau, comme il était alors son chambrier, on peut légitimement admettre qu'il dut l'accompagner en Terre Sainte, quoiqu'il n'en aie point été trouvé de preuve plus convaincante, (d'A. de J ; T. III ; p. 106 et suivantes).

Josbert de Provins est mentionné comme prévôt * de Troyes, en 1160, année où il fut témoin de la Charte n° 60, et en 1161 où il le fut de celle n° 94.

En 1177, les fonctions de Prévôt de Provins, étaient remplies par Joibert ou Josbert dit : Le Sec, qui avait probablement succédé dans cette charge, à son oncle Gautier de Provins, qui après avoir été bailli, remplit les fonctions de maréchal de 1152 à 1156, année où il était témoin avec son oncle, d'une charte octroyée par le comte pour l'abbaye de Montier la Celle, et le prieuré de Saint-Nicolas (Aube), (Sézanne ; an 1156 ; Catal. n° 39). Il est cité avec cette qualification de prévôt de Provins, en 1177, 1178 et 1179 dans des chartes de 1177, 1178 et 1179 ; et on en trouve confirmation (Livre des Vassaux du Comté de Champagne et de Brie, 1172-1222, par Auguste Longnon), où on voit (Introd. ; p. 31) que parmi les vassaux du comte Henri Ier, figuraient aussi deux de ses prévôts : Eudes, qui l'était de Château-Thierry en 1169, et Josbert qui est qualifié de prévôt de Provins en 1177, 1178 et 1179, (d'A. de J ; T. III ; p. 151).

En 1178, il fut témoin de la charte n° 284 ; en 1179, il l'était également de celles n°s 298 et 299, et prit part à des jugements rendus par le comte Henri, ce qui montre qu'à ce moment il jouissait déjà des privilèges de noblesse, puisque la Cour dont il faisait partie, avait à juger un différend entre nobles, (an 1179 ; n° 299 en particulier ; d'A. de J ; T. III ; p. 151) ; et est encore confirmé par ceci : qu'en 1182, Josbert de Lignol témoin d'un acte donné par la comtesse Marie, était l'un des barons parmi lesquels furent choisis de nouveaux conseillers, par Henri II et par la comtesse Marie, (d'A. de J ; T. IV, 2e partie ; p. 568).

Après 1172, le comte Henri Ier avait engagé à Josbert de Chaumont, l'avouerie ** des hommes de Saint-Remy, à Condes et à Darmanne (Haute-Marne),

* Les fonctions des Prévôts étaient administratives, mais hiérarchiquement inférieures à celles des Baillis.

** On entendait par avouerie, la protection spéciale que les Comtes de Champagne devaient à certains établissements religieux, ou à certaines propriétés ecclésiastiques, protection qui était rémunérée par une redevance annuelle.

et sous le règne du comte Henri II, ces hommes voulant rentrer dans l'avouerie du comte, durent rembourser à Josbert, cent quarante livres (an 1187 ; nº 360): l'engagement de cette avouerie de Condes, ayant été donné à Josbert de Chaumont, comme gage d'un prêt de pareille somme. Parmi les actes du comte Henri II, jusqu'à la seconde régence de Marie, figure sous le nº 360, un acte donné à Troyes du 29 mars au 16 avril 1187, par lequel Henri déclare : que son père avait engagé à Josbert de Chaumont, l'avouerie de Condes et Darmanne, que l'abbaye de Saint-Remy l'a rachetée, et il s'engage à ne plus la laisser sortir de sa main. (Bibliothèque de Rheims ; 1er Cartre de Saint-Remy ; fº 225, rº vº ; et 2e Cartulaire de Saint-Remy ; fº LXVI rº vº). Par un autre acte donné à Bar-sur-Aube, du 28 mars 1182 au 16 avril 1183, la comtesse prend l'engagement envers l'abbaye de Saint-Remy de Rheims, de ne pas aliéner l'avouerie de Condes et Darmanne. (Biblioth. de Rheims ; 3e Cartre de Saint-Remy ; fº XXI, rº).

En 1203, Robert, évêque de Langres constate, que Joibert de Chaumont a renoncé à toute prétention, sur la succession de Dame Chaumonde de Chaumont (en Bassigni) et sur Autreville ; Blanche a donné à Joibert une somme de 200 livres, plus ce qu'elle avait à Ageville .... etc...... (Catalogue des Actes ; nº 636) : à cette époque (1203), Joubert avait, un fils qui avait épousé la fille de Renier de Nogent, (d'A. de J ; T. V ; p. 293).

En 1205, au mois de décembre, Renier de Nogent déclare que son gendre, fils de Joibert de Chaumont, sera homme lige de Blanche, et devra 1 mois de garde à Chaumont, pour la terre d'Ageville et pour divers biens à Aubepierre, ceux notamment que Blanche a donnés, en échange de la succession de Dame Chaumonde, de Chaumont. (Catal. des Actes : nº 637 ; d'A. de J ; T. V ; p. 41).

En 1234, au mois de mars, Milon abbé et le couvent de Saint-Faron de Meaux, prient Thibaut, comte de Champagne, d'approuver un échange intervenu entre eux et Joibert de Gaude, chevalier (Catal. des Actes : nº 2334 ; E, fos 285 rº, et 286 vº : d'A. de J ; T. V ; p. 340).

En 1236, le 5 may, Alix, abbesse de N.-D. de Troyes et le couvent, ayant cédé à Thiébaut le fief tenu de leur abbaye, depuis l'avènement de Thibaut III, jusqu'à celui de Philippe le Bel, par Hugues de Montfey, à Sommeval, en investissent le maire de Sourdun, et Joibert prévos d'Isle (Aumont) qui étaient gruyers du comte Thibaut. — (Catalogue des Actes ; nº 2434 — E. fº 392, rº.— d'A. de J ; T. V ; p. 354).

En 1242, au mois de mai, il y avait comme bailli à Troyes, Joibert Haquetin, qui avait succédé à Lambert de Tiercelieue. (Archives de l'Aube ; Inventaire de Montier-la-Celle ; fº 58, vº ; et Boutiot ; histoire de la ville de Troyes ; T. IV, 2e partie ; p. 483-484).

En 1243, au mois de janvier, Gautier de Cuetas, seigneur d'Autrey constate qu'en sa présence, Gautier de Buxeio son neveu, écuyer, a vendu à Joibert de Bar-sur-Seine, bailli de Troyes agissant au nom de Thibaut, une femme de Merrey, le fils et la belle-fille de cette femme, leurs enfants et leurs biens :

19

Prix : 16 livres. (Catalogue des Actes : F ; 3, f° 222, r° v° ; et d'A. de J ; T. V, p. 406 ; n° 2702).

En 1243, au mois de juillet, par-devant Nicolas, évêque de Troyes, Joibert de Saint-Phal, chevalier, vend à Thibaut pour 12 sous l'arpent, 120 arpens du bois de Fouchères, dans la gruerie de Thibaut (E. f° 174, r° ; et d'A. de J. T. V ; p. 196).

En 1244, au mois de janvier, Joibert de Bar-sur-Seine était bailli de Troyes (Catalogue des Actes ; n° 2666).

En 1245, au mois de juin, Raoul doyen et le Chapitre de Troyes, pour faciliter le mariage de Marguerite, leur femme de corps, avec Guiot fils de Joibert Pustemoche citoyen de Troyes, cèdent à Thibaut cette femme, en échange d'une femme de corps dudit Thibaut, laquelle doit épouser un homme de corps du chapitre.

(E. f° 410 ; v° et d'A. de J ; T. V ; p. 406 ; n° 2702).

De 1249 à 1252, Joibert de Bar-sur-Seine, bailli de Troyes, possédait des terres entre Bar-sur-Seine et Merrey, (aujourd'hui Méry-sur-Seine), (Lgn : Rôle des fiefs du Comté de Champagne et de Brie de 1249 à 1252 ; n° 80 ; p. 16) et d'autres personnes du même nom de Joibert, possédaient également des terres ou des fiefs à Rouillerot (aujourd'hui : Rouilly-Saint-Loup, Aube, Saint-Phal et à Poissons) : les deux derniers sont même qualifiés de : « dominus » dans l'article les concernant. (Longnon ; Ibidem ; n°s 452, p. 96 ; n° 656 ; p. 138 et n° 115 ; p. 245).

En 1254, la paroisse de Haussignémont située à trois lieues de Vitry, était desservie par un prêtre du nom de Joybert, et en cette même année 1254 Nicolas, comte de Blèmes et seigneur d'Haussignémont, faisant son testament la veille de la Pentecôte, y fait un legs à la cure d'Haussignémont et laisse : « au sieur Joybert curé, son cheval de monture dit Pallefroy, sous poil noir » (Vaverai : art. Haussignémont ; p. 220).

En 1309, après une période de cinquante-cinq ans pendant laquelle le nom disparaît complètement, nous le voyons reparaître avec Chapelain Joybert, qui d'après les Annales de Champagne, eut à soutenir en cette même année 1309 un différend, avec un nommé Jean Bergoin, au sujet d'un retrait lignager pour sa terre de Saint-Mard-sur-le-Mont, et pour suivre sa descendance il n'y a qu'à consulter les recherches qui précèdent, et d'après lesquelles on est légitimement fondé à admettre, que les origines de la famille Joibert ou Joybert, sont en réalité bien antérieures à celles indiquées par Mgr de Caumartin *, et qu'elle fut représentée aux Croisades par le chambrier d'Henri Ier.

* Voir à ce sujet l'Enqueste qui suit, et qui a été transcrite sur l'original.

Enqueste faicte par moy Pierre de Cheppes, contrôleur du Grenier à Sel pour le Roy nostre Sire à Chaalons et tabellion roïal au bailliage de Vermandois à Chaalons et païs environ sur les raisons arti.... généalogie et noblesse de François Joybert opposant et deffendeur en une cause meue et pendante par-devant Mr le Bailly de Victry ou son lieutenant en son siège et auditoire dudict Vitry contre le procureur du Roy nostre Sire audict bailliage demandeur à ce commis desputé et ordonné par mon Sieur le bailly comme il appert par les lettres de mon pouvoir qui sont trouvés au de cette présente enqueste au dos à icelle enqueste commencée à faire en la ville de Marson.... à la requeste et diligence dudit opposant et deffendeur le septième jour de décembre l'an mil quatre cent soixante et quatre et parfaicte ès lieux et jours et par la manière qui cy après s'ensuyt.

Tesmoings jurez oys et examinez ledict jour en la ville de Marson..... à la dilligence dudict deffendeur.

Jean Richard notaire royal demourant à C. ermont aagé de 90 ans ou environ tesmoing ...... produit juré et examiné à la requeste et dilligence dudict deffendeur sur les . . et articles des raisons articles et généalogie dudict Francois Joybert deffendeur dict et deppose par son serment qu'il est natif de lad. ville de Marson.... distant de la ville de Herpont de trois lieues ou environ en laquelle il a demouré une grande partye de son temps en son jeune aage et a suy plusieurs seigneurs du pays de Champagne et poursuivy avec eulx la Cour du Roy nostre Sire à plusieurs guerres et armées qui ont été faictes au temps passé et par ce a eu grant congnoissance de plusieurs seigneurs et aussy de plusieurs gentils hommes du païs de Champagne et par especial a bien veu et congneu feu Francois Ogier de Herpont lequel se tenait portait et advouait noble et gentil homme né et astraict de noble lignée et génération et tel était tenu réputé publiquement et notoirement en la ville de Herpont et païs environ et scait au vray et affirme lui qui deppose que led. Francois Ogier vivait noblement et poursuivait les guerres et armées du Roy nostre Sire monté à trois chevaulx et armes souffist (suffisantes) comme homme d'armes ainsy que nobles personnes ont accoustumé de faire et se recorde bien luy depposant avoir veu led. Francois Ogier au siège de Bourges monté et armé comme dit est et le scait parce que luy qui deppose fut audict siège. — Dit encore qu'il est bien recort et vray est que dès auparavant les guerres qui longtemps ont régné au royaume de France luy qui deppose demourait aud. Marson a veu plusieurs fois venir led. feu Francois Ogier en lad. ville de Marson et en autres villages env.... faire desloger plusieurs trouppes de gens d'armes passant aucunes fois par pays lesquels pour lonneur et amour dudict Francois se deslogeaient diligemment et allaient prendre logis ailleurs ainsi que gens d'armes ont accoustumé faire pour faire plaisir à nobles et gentils hommes et portait habits différens aux habits de gens non nobles et de... .. à eux et poursuivait souventes fois la Court du Roy nostre Sire ainsy que nobles et gentilz hommes ont accoustumé de faire et luy a veu par plusieurs fois ledict depposant tant à Paris comme ailleurs et plus n'en scait sur tous lesd. articles oy et examiné.

Jacques Richard laboureur demourant à Marson..... aagé de quatre vingtz ans ou environ tesmoing produit juré oy et examiné sur les * m. nn. et b. articles des généalogie raisons et escriptures dud. deffendeur et à la requeste et diligence d'iceluy deffendeur sur tous lesquels articles il dit et deppose scavoir et qui s'ensuyt c'est assavoir qu'il est natif de la ville de Marson distant de la ville de Herpont de trois lieues ou environ en laquelle ville de Marson led. depposant a demouré la plus part de son temps dit encore qu'il a bien veu et recongneu feu François Ogier jadis demourant aud. Herpont lequel se portait et advouait noble et gentil homme et pour tel il était tenu et réputé publicquement et notoirement vivant noblement et poursuivant les guerres et armées du Roy nostre Sire monté et armé souffist et chevaulchait constammant à trois chevaux et se recorde bien led. depposant qu'il a plusieurs fois veu venir ledict feu Francois aud. Marson quand il y avait logé des gens d'armes lesquels se deslogeaient diligemment à la prière et requeste d'iceluy François dit outre que led. feu Francois se tenait et maintenait en estat et habit de noble et gentil homme et poursuivait souventes fois la Court du Roy nostre Sire en exécution de certain office que avait led. feu Francois à lad. Cour comme de ce estait connu renommé aud. Marson et païs environ duquel office luy qui deppose s'est record et plus ne scait des articles.

* IIIe, IVe et Ve.

Pierre Moissonnet tonnelier demourant aud. Marson d..... aagé de quatre-vingtz ans ou environ tesmoing produit juré ouy et examiné à la requeste et dilligence dud. deffendeur sur les ** m. nn. b. . articles de la généalogie raisons et escriptures dudict deffendeur surtous lesquels articles il dit et deppose scavoir ce qui s'ensuyt assavoir qu'il est natif de lad. ville de Marson danal et cinquante-sept ans présent mois ou environ luy qui deppose était demourant en la ville de Herpont où il apprenait le mestier de R..... et par ce a bien veu et congneu feu Francois Ogier se tenait partout et advouait noble et gentil homme et partout était tenu et réputé publicquement et notoirement né et abstraict de noble lignée et génération vivait noblement et poursuivait les guerres du Roy nostre Sire et luy a veu poursuy led. depposant monté à trois chevaulx et armes souffist comme noble et gentil dit encore que led. Francois tenait en son vivant bel estat et honnorable et se tenait et maintenait en habits et autrement comme nobles personnes ont accoustumé de faire et scait au vray et affirme led. depposant que edict François estait franc quitte et exempt aud. Herpont de toutes redevances dont gens non nobles sont (tenus) et redevables et a veu plusieurs fois getter et imposer audict Herpont de certaine taille deue par les habitants d'illecque exemptez nobles et clercs. — Mais quand ceux qui par lad. ville annonçaient icelle taille passaient par-devant l'ostel dudict Francois ils passaient

** IIIe, IVe et Ve.

outre dud. ostel sans lui en demander getter ou annoncer aucune portion pour cause de la noblesse dud. Francois comme celuy qui deppose leur a ouy dire par plusieurs fois et plus ne scat desdicts articles.

Du XIIIe jour de décembre l'an mil et me soixante et quatre.

Thomas Sebert dict le Doux escuyer aagé de cinquante-cinq ans ou environ tesmoing produit et juré ouy et examiné à la diligence et requête dud. deffendeur sur les * n. m. nn. b. bj. bm. ix. xm. xnn. xb. xbj. xby et xbm. xix. xx. xxj. xxb et xxbj articles de la généalogie d'iceluy deffendeur et premier sur les n. et m. desdits articles dit et deppose par soubs serment qu'il est né natif de la ville de St-Mart et sur le Mont et par ce a bonne congnoissance de la personne de Francois Joybert deffendeur natif pareillement dudict Saint-Mart et est cousin .... de germain dudict depposant et le tient et repputte ledict depposant noble et gentil homme parce qu'il est fils naturel et légitime de feu Simon Joybert qui pareillement était natif dudict Saint-Mart et damlle Marie Ogier sa femme laquelle était à son vivant cousine germaine de luy qui deppose car luy qui deppose et ladicte Marye estaient enfants issus de frère et de sœur dit outre que luy qui deppose est fils naturel et légitime de feu Simon Sebert en son vivant escuier et de Dlle Marion La Gourlaste sa femme et par ce scait au vray et affirme que feu Francois Ogier dit Gourlast Collesson le Gourlast Jean le Gourlast damoiselle Agnetz dicte de Nanteuil et ladicte damoiselle Marion jadis mère de luy qui deppose étaient à leur vivant frères et sœurs germains c'est assavoir enfants de feu Ogier le Gourlast à son vivant escuyer et de damoiselle Agnetz du Fresne sa femme tous lesquels étaient à leur vivant nobles personnes tels se tenaient et réputaient et tels étaient tenus et réputés publicquement et notoirement. — Sur les ** nn. et b. articles dit et deppose que led. feu Francois Ogier oncle dudict depposant fust en son vivant eschanson du Roy nostre Sire et chevaulchait ordinairement à trois chevaulx et se tenait et maintenait tant ql a vescu en estat et habits de noble homme ainsi que nobles personnes ont accoustumé de faire et avec ce poursuivait les guerres et armées du Roy nostre Sire monté et armé souffist (suffisamment) comme ces choses luy qui deppose a par plusieurs fois ouy réciter et maintenir à ses feux père et mère et plusieurs autres personnes et autrement ne le scait parce que quand son dict oncle alla de vie à trespas luy qui deppose était aagé de quatre ou cinq ans seulement.

* IIe, IIIe, IVe, Ve, VIe, VIIIe, IXe, XIIIe, XIVe, XVe, XVIe et XVIIIe, XIXe, XXe, XXIe, XXVe et XXVIe.

** IVe et Ve.

Sur les *** bj. et bn. desdts articles deppose par son dict serment que led. feu Francois Ogier fust prins et conjoinct par mariage avec feuë damoiselle Laurence de Braux en son vivant noble et gentille femme et que d'icelluy mariage fut née issuë et descendue légitimement lad. damoiselle Marye mère dud. deffendeur et cousine germaine de luy qui deppose et le scait au vray pour cause de la grant proximité de linage qui est et a toujours esté comme dit est (entre) luy qui deppose lad. Marie sa cousine germaine et leurs père et mère oncle et tante dessus nommez et la grande fréquentation qui a toujours été entre eux comme

*** VIe et VIIe.

elle doibt être entre frères et sœurs et se recorde bien luy qui deppose avoir vu demourer sad. cousine Marye à son jeune aage mère dudict Francois deffendeur en l'hostel desdicts père et mère dudict depposant après le trespas dudict feu père d'icelle Marie laquelle Marie lad. mère dudict depposant tenait et repputait sa propre niepce fille de sond. frère germain et pour telle encore de présent la tient et repputte ledict depposant disant et affirmant que (si) lad. Marie eust été trespassée sans hoirs de son corps luy qui deppose eût été l'un de ses plus proches héritiers du côté du père d'icelle Marye qui était vray oncle dud. depposant c'est assavoir frère germain de sad. mère comme dit est, dit encore que lad. feuë damoiselle Marie fille dud. feu Francois Ogier et cousine germaine dudict depposant fut prise conioincte par mariage avec Symon Joibert en la ville de Saint-Mard et sur le Mont et le scet parce qu'il fust aux nopces desd. conjoincts comme cousin-germain d'icelle Marie et la mena à l'Église comme son plus prochain parent lequel Simon Joibert luy qui deppose tient et croit avoir esté noble personne né et abstraict de noble lignée parce qu'il a veu plusieurs personnes et linagers dud. Simon qui estaient nobles personnes comme les surnommez Compertrix et autres et autrement ne le scait mais il scait et affirme que led. Simon Joybert à son vivant portait tonsure de clerc et si ensemble led. Simon quatre frères germains prebtres c'est assavoir Messire Nicolas Joybert Messire Jacques dom Jehan et frère Guillaume Joibert que luy qui deppose a bien veus et congneus et si a toujours oÿ dire et maintenir que led. feu Simon Joybert et ses frères sont abstraicts d'ancienneté du plus bel et honnorable linage de la ville de Saint-Mart.

* XIIIe.

Sur le * bm. desdits articles deppose par son serment que du mariage desd[ts] Simon Joybert et d[elle] Marie sa femme sont issus et descendus ledict Francois Joybert deffendeur Jacquemin Joybert Marion et Margueritte frères et sœurs germains desquels luy qui deppose a bonne congnoissance et lesquels luy qui deppose tient et repputte ses cousins venus de germain c'est assavoir enfants de sa propre cousine germaine et si les tient et repputte nobles personnes mesmement de leur costé maternel ayeulx et ayeulles maternelles.

** IXe et XIIIe.

Sur les ** ix et xm. desdits articles deppose que du mariage desdits Sebert et dam[lle] Marion sa mère sœur germaine dud. feu Francois Ogier ayeul dudict deffendeur sont issus feu Francois Sebert et ledict depposant frères germains lequel Francois a poursuy les guerres et armées tant qu'il a vescu et aussi a ledict depposant poursuit et encore de présent comme dit est et que luy qui parle et sond[t] frère étaient cousins germains à lad. mère d'icelluy deffendeur.

*** XIVe et XVe.

Sur les *** xnn et xb articles deppose que dudit feu Colesson le Gourlat oncle dudict depposant et de lad. Marie mère d'icelluy deffendeur c'est asscavoir frère de leurs père et mère sont issus et descendus en leur mariage Jean le Gourlat dict le Champenois et Regnault le Gourlat cousins germains de luy qui deppose et à lad. Marie mère dud. deffendeur lequel Jean le Gourlat a poursuy tant qu'il a vescu les guerres et armées du Roy nostre Sire comme il est chose notoire, dit outre qu'il scait au vray que quand la femme dudict Champenois est allée de vie à trespas iceluy Champenois a gaigné et emporté franchement tous les meubles demourez au deceds de sa dicte femme pour cause et par vertu de sa noblesse laquelle noblesse luy venait et proceddait du côté dud. feu Colesson le Gourlat son père qui comme dit est estait frère germain dud. feu Francois Ogier ayeul dudict deffendeur et aussy frère de lad. mère de luy qui deppose et le scet parce que incontinent après le trespas de ladicte femme d'icelluy Champenois luy qui deppose fust en la ville d.............. en l'ostel d'iceluy Champenois par l'espace de cinq ou six jours et vit tout l'estat gouvernement et chevaulx d'icelluy Champenois.

* XVIe, XVIIe, XVIIIe, XIXe, XXe et XXIe.

Sur les * xbj. xbn. xbm. xix. xx et xxi desd[ts] articles dépose par son dict serment qu'il a par plusieurs fois ouy dire et réciter à ses feux père et mère et aussy à ladicte damoiselle Agnetz de Nanteuil sa tante et à plusieurs autres anciennes personnes que ladicte feue damoiselle Laurence jadis femme dud. feu Francois Ogier et mère de ladicte Marie si estait à son vivant noble fême et fust fille de feux Jehan........ de Braux à son vivant dem[t] à Ste-Manehol qui fust noble personne et homme de grand estat et si leur a ouy dire que la femme dud....... fust abstraicte de Chaalons et fust fille d'un surnommé de Montdidier qui estait noble personne et homme puissant et de grand estat et scet bien luy qui deppose que lad. Lorence ayeule dudict deffendeur était parente et prochain lignagée de Hutin Fretel et Marye sa sœur qui sont nobles gens car il se recorde bien avoir veu sa dicte cousine Marie mère dud. deffendeur et lesd. Fretels eux tenir et repputter parents et linagiers dit encore qu'il a plusieurs fois ouy dire et maintenir que led. feu Francois Ogier ayeul dud. deffendeur ladicte mère d'icelluy depposant et leurs frères et sœurs oncles et tantes de luy qui deppose être parents et linagiers de feu Mre Henry de Coupesville à son vivant Christophe et Regnault du Fresne qui étaient nobles personnes et sur les ** xxb. et xxbj desd. articles il en deppose comme cy-dessus en a deppose et plus ne autre chose n'en scait de tout le contenu desd. articles.

** XXVe et XXVIe.

Autres tesmoings ouys et examinés en la ville de Chaalons le quinziesme jour de décembre l'an mil quatre cent soixante et quatre.

Regnault Legourlat escuyer demourant à Bignicourt sur Saulx aagé de cinquante quatre ans ou environ tesmoing traict produict juré ouy et examiné à la requête et diligence dudit Francois Joybert sur les *** m. nn. b. bj. bn. bm. ix. xm. xnn. et xb articles et généalogie d'icelluy deffendeur deppose et affirme par son serment savoir sur tous ces dicts articles ce qui s'ensuyt c'est assavoir que feux Francois Ogier, Colesson le Gourlat, Jean Tourdet, damoiselle Agnetz dicte de Nanteuil, damoiselle Marion jadis femme de feu Simon Sebert étaient à leur vivant frères et sœurs tous nobles personnes tels se tenaient et repputaient et tels étaient tenus et repputez publicquement et notoirement tant en la ville de Herpont dont ils étaient natifs comme ailleurs environ dit encore que du mariage

*** IIIe, IVe, Ve, VIe, VIIe, VIIIe, IXe, XIIIe, XIVe et XVe.

dud. feu Simon Sebert et damoiselle Marion sa femme furent nez et procreez légitimement feu Francois Sebert et Thomas Sebert dict le Doux escuyer lequel Francois Sebert a poursuy les guerres et armées du Roy nostre Sire et y a été mort et aussy les poursuyt ledict Thomas, dict encore que du mariage dudict feu Francois Ogier et de feuë damoiselle Laurence de Braux a esté née et issue damoiselle Marye Ogier jadis femme de feu Simon Joybert père et mère dudict deffendeur dit outre que du mariage dudict feu Colesson Le Gourlat frère desdicts Marion et Francois Ogier et de feue Jehanne la Landonne sa fême sont issus feu Jehan Le Gourlat dict le Champenois et ledict depposant frères et par ainsy était lad. Marye mère dudict deffendeur cousine germaine auxdicts Thomas et Francois Sebert, et aussy audict depposant et à son feu frère ; dict encore que par vertu de la noblesse dudict feu Jehan le Gourlat son frère iceluy Jean a gaigné et emporté les meubles demourez du deceds de sa feue femme quand elle est allée de vie à trespassement et le scait parce que quand son dict frère est allé de vie à trespassement ledict depposant a eu tous iceux meubles ; dit outre que du mariage dudict feu Simon Joybert qui à son vivant se tenait noble homme du moins portait tonsure de clerc et de lad. damoiselle Marye fille dud. feu Francois Ogier et cousine-germaine dud. Thomas Sebert dict le Doux et d'iceluy depposant sont nez et issus led. Francois Joybert deffendeur et ses frères et sœurs qui par ce moyen sont et doivent estre tenus et repputez nobles personnes et tels les tient et repputte led. exposant et plus ne —— autre chose sur tout le contenu desd. articles ne scaurait depposer.

Jean le Fèvre dit Fautrin mareschal demourant à Bussy le Chastel aagé de quatre-vingtz ans ou environ tesmoing produict juré ouy et examiné sur les * m. nn. b. bj : et ix articles des raisons et escripts dudict deffendeur et premièrement sur le ** m. article deppose par son serment que en son jeune aage il a demouré en la ville de Herpont par l'espace de huict ans ou environ et par ce a bien veu et congneu feux Francois Ogier, Colesson le Gourlat, Jean Gourdet damoiselle Agnetz de Nanteuil et damoiselle Marion le Gourlat qui a leurs vivants estaient se tenaient et repputtaient frères et sœurs germains et se tenaient et repputtaient nobles personnes tels étaient tenus et repputez publicquement et notoirement et par especial scait au vray que ledict feu Francois Ogier qui demourait aud. Herpont tenait bel et grant estat joyssant de tous privilèges de noblesse et si était exempt et quict de tous débits tailles et autres subsistances que gens non nobles ont accoustumé payer ; sur les *** nn. et b. articles deppose que ledict Francois Ogier chevaulchait ordinairement à trois chevaulx et poursuivait les guerres et armées du Roy nostre Sire et avec ce estait et fut iceluy Francois eschanson du Roy nostre Sire en ordonnance et à gaige de cinquante livres tz pour mois, et le scait parce que lors luy qui deppose estait page et serviteur dud. Francois et est bien recort que led. feu Francois allait servir à Paris par mois en la Cour du Roy nostre dict Sire comme la coustume estait lors entre plusieurs officiers

* IIIe, IVe, V[e], VIe, et IXe.

** IIIe.

*** IVe et V[e].

* VIe. d'icelluy Sire ; sur le * bj. article deppose que pareillement il a bien veu et congneu damoiselle Laurence de Braux pour lors femme et espouze dud. feu Francois Ogier son maistre laquelle était tenue et repputtée noble femme née et abstraicte de noble lignée et génération et fille d'un nommé Jéhan Saultier de Braux qui
** IXe. estait de Ste-Menehould; sur le ** ix article deppose qu'il est bien recort que pour le temps qu'il était demourant aud. Herpont lad. damoiselle Marion sœur dud. feu Francois Ogier était mariée à Sainct-Mart sur le Mont et avait espouzé Simon Sebert que ledict depposant a bien veu et congneu et d'iceluy mariage est issu Thomas Sebert dict le Doux demourant à Chaalons duquel luy qui deppose a bonne congnoissance lequel Thomas se tient et repputte noble et gentil homme et tel le tient et répute ledict depposant et plus ne autre chose de tout le contenu desd. articles ne sçauroit depposer sur tous iceulx diligemment requis ouy et examiné.

*** VIIIe. (1464) * Du mardy *** bm^s jour de janvier l'an * ym^s soixante et quatre.

**** IIe, IIIe, IVe, Ve, VIe, Ie, VIIIe, IXe, XVIe, XVIIe, VIIIe et XIXe.
Collesson Baudier laboureur demeurant à Montcetz lès Sarry aagé de soixante ans ou environ tesmoing produict juré ouy et examiné sur les **** n. m. nn. b. bj. bn. bm. ix. xbj. xbn. xbm. et xix articles des raisons deffenses et escriptures dudict Francois Joybert deffendeur et contre le procureur du Roy demandeur
***** IIe. en premier sur le ***** n. desdicts articles dit et deppose par son serment qu'il est natif de la ville de Herpont et a congneu les ayeul et ayeulle dudit deffendeur qui étaient tenus et réputés illecque nobles personnes et depuis a veu et congneu feue Marye Ogier jadis mère dud. deffendeur qui pareillement estait et a esté tenue noble et gentille femme née et abstraicte de noble lignée et génération et aussy a bien congneu feu Simon Joybert jadis père dud. deffendeur qui estait bien honnorable personne vivant de ses revenus et hérittages sans soy entremettre de quelque occupation méchanique portant tonsure de clerc et tient et croit qu'il estait noble personne et par ce tient et repputte ledict deffendeur estre noble homme né et abstraict de noble lignée tant de son costé paternel que du maternel;
****** IIIe. sur le ****** m. desdicts articles deppose qu'il a bien veu et congneu feu Francois Ogier d'Herpont, Colesson le Gourlat, Jean Gourdet dict le Gourlat, damoiselle Agnetz la Gourlat dicte de Nanteuil et damoiselle Marion la Gourlat qui à leurs vivans estaient tenus et réputez frères et sœurs et tous nobles et gentils hommes et femmes jouissant de tous privilèges de noblesse et les en a veu jouir luy depposant aud. Herpont dont il est natif pour tels estaient tenus publicquement
******* IVe et Ve. et notoirement ; sur les ******* nn. et b. desd. articles deppose que comme dit est dessus il a bien veu et congneu led. feu François Ogier qui estait tenu et repputé aud. Herpont noble personne né et abstraict de noble lignée et génération et scait qu'il l'a veu chevaulcher ordinairement à trois chevaulx et avait .... varlet et page en sa compaignie et poursuivait les guerres et armées du Roy nostre Sire qui se faisaient pour le temps de lors et par especial est bien record avoir veu armer led. feu François Ogier longtemps et en un certain jour............

herpont monté à trois chevaulx comme dit est et armé de .... harnois et disait-on que led. François Ogier venait du siège de Bourges et en estait tesmoin avec autres nobles et gentils hômes du bailliage de Victry et se recorde bien luy qui deppose que le page dud. feu Francois avait et portait une lance en laquelle avait ung grant padnonceau auquel il y avait une croix blanche et le scet parce qu'il vidt arriver led. feu Francois aud. Herpont sond. varlet et sond. page armé et portant lad. lance comme dit est dessus ; dit outre que led. feu Francois Ogier fust à son vivant eschanson du Roy nostre Sire à gaiges et en ordonnance e allait servir par mois (à) la ville de Paris en la Cour du Roy nostre Sire audic office et de ce estait lors comme renommé aud. Herpont et aussy luy qu deppose a veu partir dud. Herpont led. feu Francois monté à trois chevaul comme dict est et était tout notoire qu'il allait exercer son office de eschancon dit encore que led. feu Francois vivait noblement aud. Herpont tenait bel e honnorable estat et scait bien qu'il estait exempt de payer illecque touttes taille et aultres redevances que les gens non nobles ont illecque accoustumé paier et l'e a veu ainsy jouir et user dont il est bien recort; sur le * bj. desd. articles deppos

* VIe. qu'il a bien veu congneu feue damoiselle Laurence de Braux qui fust premièr femme aud. feu Francois Ogier laquelle estait tenue et repputée noble et gentil femme née et abstraicte de noble lignée et génération aud. Herpont et se recor bien avoir ouy dire à ses feux père et mère et plusieurs autres gens aulcuns dud Herpont que quand le mariage fust faict (entre) led. feu Francois Ogier e lad. damoiselle Laurence il y eust grant assemblée de nobles personnes de leu linage et y eust les plus magnifficques et les plus honnorables nôpces que lon tems auparavant avaient esté veues aud. Herpont et y fust lors servy de plusieu endmetz (entremets) comme nobles gens ont accoustumé de faire ; sur le ** bi

** VIIe. article deppose qu'il a bien veu et congneu feu Simon Joybert de Sainct-Mart e Marie Ogier sa femme fille naturelle et légitime dud. feu Francois Ogier e damoiselle Laurence sa femme et a esté luy qui deppose en son jeune aage l'école avec et en la compagnie de lad. Marie du tems que ledict feu Franco Ogier père d'elle vivait. Interrogé si led. feu Symon Joibert estait à son viva noble personne dict qu'il scait au vray combien qu'il tient et croit que tel esta il a veu le lieu où il fust mariez et autrement ne le scait mais il scait au vr qu'il vivait de ses rentes et héritages sans soy entremettre d'une occupati mesmement du tems que led. Simon demourait aud. St-Mart; sur le *** bm. artic

*** VIIIe. deppose que du mariage desd. feux Symon Joibert et Marie Ogier sa fême e yssu et descendu led. Francois Joibert deffendeur duquel il a bonne congnoissan par ce que dict est dessus luy qui deppose tient et repute noble et gentil hom mesmement de son costé maternel ; sur le neufvième des articles deppose qu'i bien veu et congneu feu Simon Sebert et damoiselle Marion sa femme jadis e son vivant sœur dud. feu Francois Ogier ayeul dud. deffendeur et fy congn bien Thomas Sebert dict le Doux leur fils à présent demourant à Chaalons q luy qui deppose tient et repute par ce moïen cousin-germain de lad. feue Ma

* XVIe, XVIIe, XVIIIe et XIXe. mère dud. deffendeur ; sur les * xbj. xbn. xbm. et xix. desd. articles dict et deppose qu'il est bien record avoir oy dire par plusieurs fois à plusieurs personnes que lad. feue damoiselle Laurence de Braux ayeulle maternelle dud. deffendeur fust jadis fille de feu Jehan Saultier de Braux jadis natif de Ste-Manehould que l'on disait avoir été noble homme et autrement ne scauroit depposer desd. articles pour ce qu'il ne vidt oncques les personnes nommez en iceux articles et plus ne autre chose de tout le contenu esd. articles ne scauroit depposer ; sur tous iceulx diligemment requis oy et examiné.

Raulin Luquet tabellion de Chaalons de par révérend père en Dieu monseigneur l'Évesque et Comte dudict Chaalons aagé de cinquante-cinq ans ou environ tesmoing traict produict juré oy et examiné sur les ** n. et xxm. desd. articles raisons et deffenses dud. Francois Joybert deffendeur et à sa requeste et dilligence sur lesquels il dict et affirme scavoir ce qui s'ensuyt c'est asscavoir qu'il a bonne congnoissance de la personne dud. Francois Joibert deffendeur lequel il tient et repute noble et gentil homme né et abstraict de noble lignée et génération et pour tel l'a par plusieurs fois oy tenir et repputer par plusieurs personnes qui ont eu congnoissance de plusieurs parents et linagiers dud. Francois ; dit oultre que par plusieurs années passées luy qui deppose a tenu à ferme dud. révérend père audict Chaalons les thonnieux et bourgeoisie dont sont redevables et tenus illecque les demourant en la justice et juridiction temporelle dud. Révérend père exceptez nobles et clercs mais oncques durant sad. ferme led. depposant n'a aucune chose receu d'iceluy Francois pour et à cause de lad. bourgeoisie falait ce que icelluy Francois soit demourant dez (depuis) dix ans peut avoir en lad. juridiction temporelle dud. Révérend père aud. Chaalons et qu'il ne soit aucunement clerc puisqu'il a espouzé une femme qui autrefois a été mariée ains a tenu luy qui deppose durant le temps de sad. ferme led. Francois quict et exempt de lad. redevance pour cause de la noblesse dud. Francois que luy qui parle tenait et repputait tient encore et repute pour toutte notoire et plus n'en scait sur tout requis et examiné.

** IIe et XXIIIe.

Thomas Vualon prévost fermier dud. Chaalons aagé de cinquante-cinq ans ou environ tesmoing produict juré oy et examiné à la dilligence dud. deffendeur sur les *** n. et xxm desd. articles touchant les deffences d'icelny deffendeur à lui leuz (lus) et exposez de mot à mot sur lesquels il dict scavoir ce qui s'ensuyt c'est asscavoir que dez (depuis) sept ans ou environ il a tenu et encore tient la prévosté de Chaalons à ferme du Révérend père en Dieu Monseigneur l'Évesque et Comte dudict Chaalons dit oultre qu'il a bonne congnoissance de la personne de Francois Joibert lequel il tient et repute pour noble et gentil hôme né et abstraict de noble lignée et génération et par ce a ledict depposant tenu ledict Francois franc quict et exempt par chacun an durant le tems qu'il a tenu lad. prévosté d'aller au guet le jour des brandons que l'on dit au guet du prévost auquel guet sont tenus et doivent aller par chacun an tous demourant en lad.

*** IIe et XXIIIe.

juridiction excepté nobles et clercs pour cause de la noblesse d'iceluy Francoi qui ne porte aucune tonsure de clerc pour ce que la femme d'iceluy Francoi estait femme vefve quand ledict Francois l'a prins par mariage et plus ne scai desd. articles sur iceulx requis et examiné.

Colette la Cloutière vefve de feu Colin le Cloutier demourant à Chaalon
aagée de soixante ans ou environ tesmoing produitte jurée oye et examinée à l
* IIIe, IVe, Ve, VIe, VIIe, VIIIe et IXe. requeste et dilligence dudict deffendeur sur les * m. nn. b. bj. bn. bm. et ix
** IIIe. desd. articles à elle leuz et exposez de mot à mot et premier sur led.** m. articl
deppose par sond. serment qu'elle est natifve de la ville de Herpont en laquell
elle a demouré de son jeune aage par aucun tems et par ce a bonne congnoissanc
des personnes de feu Francois Ogier, Colesson le Gourlat et Jehan le Gourla
damoiselle Marion la Gourlatte et damoiselle Agnetz de Nanteuil à leurs vivant
frères et sœurs tous nobles et gentils hommes et femmes nez et abstraicts d
noble lignée et génération tels tenus et repputez aud Herpont dont ils étaien
*** IVe, Ve et VIe. natifs jouissant de tous privilèges de noblesse ; sur les*** nn. b. et bj. desd. article
dict et affirme que led. feu Francois Ogier estait à son vivant tenu et repput
être eschancon du Roy nostre Sire et allait à Paris par certains mois faire à
Cour du Roy nostre Sire audict office honnorablement monté à trois chevaul
en armes et poursuivait ledict Francois les guerres et armées du Roy nostr
Sire armé et monté à trois chevaulx comme dict est et estait franc quict et exemp
de certaines tailles et redevances que les non nobles demourant aud. Herpon
.... paier au seigneur d'illecq et vivait noblement tenant bel et honnorab
estat ; dit oultre qu'elle a bien veu et congneu feue damoiselle Laurence de Brau
jadis femme dud. feu Francois Ogier qui pareillement était tenue noble
**** VIIe et VIIIe. gentille fême née et abstraicte de noble lignée et génération ; sur les**** bn. et bn.
desd. articles deppose par son serment que du mariage desd. feux Franco
Ogier et Laurence sa fême fut née et yssue damoiselle Marie laquelle si fus
depuis conioincte par mariage avec feu Symon Joibert de St-Mart et le scet parc
qu'elle a veu congneu et fréquantté souventes fois les personnes dessus nommée
par tout le temps qu'elle a demouré aud. Herpont et depuis durant leurs vies
dict oultre que par le mariage desd. feux Symon Joibert et Marie sa femm
est né et issu ledict Francois Joybert deffendeur duquel la depposante a bonn
congnoissance et lequel Francois elle qui deppose tient et reppute noble et gent
homme né et abstraict de noble lignée et génération parce que dict est dessus ; su
***** IXe. le***** ix. desd. articles deppose que du mariage de feu Simon Sebert et damoisel
Marion sœur audict Francois Ogier ayeul maternel dud. deffendeur desquels el
qui deppose a eu bonne congnoissance fust né et issu Thomas Sebert dict le Dou
de présent demourant à Chaalons que laditte depposante congnoit bien lequ
Thommas par ce moien est cousin-germain de lad. feue Marie mère dud
deffendeur pour telz les a veu tenir et repputer publicquement et notoiremer
et pour telz les tient et reppute lad. depposante et plus ne autre chose de tout

contenu esdicts articles ne scauroit depposer sur tous iceulx dilligemment requise et examinée.

Cedict jour ledict Francois Joybert a produict et mis en forme de preuves les lettres originales de sentence .... et .... scel seing manuel et escriptures données au proffict de Thomas Sebert dict le Doulx contre les héritiers de feue demoiselle Catherine Viennette première femme d'iceluy Thomas ; sur les
* IIIe, IVe, Ve, IXe, XIe, XIIe. * III. IIII. V. IX. XJ. XII. et autres articles dud. deffendeur sur lesquelz icelles lettres peuvent servir et valoir audict deffendeur la copie desquelles lettres sera trouvée au sacq de cette présente enqueste signée au dos B et après ce que ladicte copie a esté collationnée à l'original par moy commissaire dessus dict. Icelluy original a été reveu et rendu audict deffendeur et moy requerrant que de ce fasse mention en lad. enqueste et en mon procez-verbal et . . . . aud. deffendeur pour luy servir et valloir ce que de raison.

Signé : DE CHEPPES.

La copie collationnée à l'original qui accompagne ledit original a dû être faite et établie pour la production en 1667 par-devant Mgr de Caumartin. Elle est ainsi cotée :

(Collationné) Collãonné à l'original par moy commre secrétaire du Roy et de ses finances.

LINAGE.

En haut de la page de couverture à l'intérieur est inscrite cette note * : « Il est à noter que la présente enqueste cy, a esté découverte par hazard et a demeuré un grand temps entre les mains des gendres et enfants de filles de la maison et aultres personnes estranges ».

---

* La teneur de cette note explique dans une certaine mesure que la confusion faite en plaçant Thomas Sebert parmi les Joybert aie pu se produire à cause de la grande analogie de ces deux noms, et résulter aussi en outre, de celle que créait la double alliance avec la famille Le Gourlat ; mais l'examen de cette pièce n'avait dû toutefois être fait que bien légèrement, car, les termes dans lesquels sont conçues plusieurs des déclarations, et la dernière en particulier, sont tellement clairs que l'on ne peut s'expliquer qu'il ait été fait pareille erreur ; et cependant, elle s'était produite dès 1657, lorsque fut dressé : « l'Inventaire des pièces justificatives de la noblesse des Joybert et pour servir de faits de descente et de généalogie », ci-après transcrit ; à moins que l'erreur ait été déjà motivée à ce moment, par le fait qu'indique la note mentionnée plus haut. Dans l'original, à la quatrième déposition, celle de Thomas Sebert dict le Doulx, le nom de Joybert a été mis sommairement en surcharge sur celui de Sebert, de manière à créer confusion, mais à ce seul endroit, car plus loin au cours de la même déposition, c'est toujours Thomas Sebert qu'on peut lire clairement, de même que dans les suivantes : cela est en outre d'autant plus inexplicable, que ledit Thomas Sebert n'ayant pas eu postérité de son mariage avec Catherine de Viennette, n'avait aucun motif pour figurer dans cet inventaire « pour servir de faits de descente et de généalogie ».

Inventaire des pièces justificatives de la Noblesse des de Joybert et pour servir de faits de descente et de généalogie.

Simon Joybert vivant escuier en 1400 fust conioinct par mariage avec Dam^elle^ Marion (1) Ogier le Gourlat sœur germaine de Francois Ogier le Gourlat vivant eschanson du Roy, de ce mariage sont issus Francois Joybert tué au service du Roy et Thomas Joybert dit le Doux conioint par mariage avec Dam^lle^ Catherine Viennette descédés sans hoirs.

Simon Joybert dit de St-Mard-sur-le-Mont escuier cousin-germain dud. Simon fust conioint par mariage avec dam^lle^ Marie Ogier la Gourlasse fille dudit Francois Ogier le Gourlat et avait led. Simon quatre frères germains prestres scavoir Messire Nicolas Joybert, Messire Jacques dom Jehan et frère Guillaume Joybert, de ce mariage sont issus Francois Joybert Jacquemin descédé, sans hoirs Marion et Marguerittte.

François Joybert escuier seigneur de Soulanges et autres fiefs sis au balliage de Vitri fut conioint par mariage avec D^elle^ Caterine le Cerf. De ce mariage sont issus : Guillaume frère prieur et chambrier en l'église du monastère de St-Pierre au Mont à Chaalons et Jean.

Jean Joybert escuier seigneur de Soulanges fust conioint par mariage avec dam^lle^ Marguerite de Balham en premières nopces et avec Dam^lle^ Nicole Biset en secondes nopces, du premier mariage est issu Jaques de Joybert, du second mariage sont issus * François seigneur de Soulanges descédé sans hoirs, perrette, Remi et Marguerite.

Jacques de Joybert escuier seigneur d'Aulnay-le-Chastel, Soulanges, Coulemiers, Amblancourt, la Grand'Court, Verneuil sur Marne et Viconte de Passi en partie fust conioint par mariage avec dam^lle^ Louise Biset, de ce mariage sont issus Guillaume seigneur d'Aulnay-le-Chastel et autres lieux conioinct par mariage avec Dam^lle^ Roberte Feret decedés lung et l'autre sans hoirs, Jean, Pierre et Simon descédé enfant.

---

(1) Il est évident à première vue, que l'enquête transcrite plus haut n'était pas connue de celui qui dressa le présent inventaire, puisqu'il mentionne les deux Simon ci-dessus nommés comme cousins-germains, tandis que d'après l'enquête, Marie Ogier femme de Simon Joybert, était cousine-germaine de Thomas et par conséquent, nièce de Simon (Sebert et non Joybert) père dudit Thomas.

* C'est là une erreur car c'est lui qui fut souche de la branche dite : de Pringy, (v. p. 48).

Jean de Joybert escuier seigneur d'Aulnay-le-Chastel, la Grand'Court, Verneuil sur Marne et Viconte de Passi en partie fut conioint par mariage avec dam[lle] Jeanne de Feret en premières nopces et en secondes nopces avec dam[lle] Apolline Cauchon, du premier mariage est issue Jeanne de Joybert conointe par mariage à Geoffroy Le Gorlier escuier seigneur de Braux Sainte-Cohierre, Chaudefontaine, la Grand'Cour Verneuil, Drulli (aujourd'hui Drouilly) Oiri et autres lieux, du second mariage sont issus. Hiérosme, Louise conointe par mariage avec Jacques de Soufflier escuier seigneur du Mesnil et de Bro......., Nicole conointe par mariage avec Gaspard de Ponssor escuier, Marie d. religieuse mère prieure de l'abbaye de St-Jacques près Vitri du Parthois.

Hierosme de Joybert escuier seigneur d'Aulnay-le-Chastel et de Ville-en-Tardenois fut conioint par mariage avec dam[lle] Magdelaine Braux icelle descédée sans hoirs et en secondes nopces avec damoiselle Louise Truc icelle aussi en secondes nopces ; de ce mariage sont issus Jean tué au service du Roy en Flandre, sans hoirs. Théodor pareillement tué au service du Roy en Italie, sans hoirs. Jacques, Louise conointe par mariage avec noble homme Charles Deu seigneur de St-Romain, de Vieux-Dampierre en partie et de Vil en Tartenois, con[er] au présidial de Chaalons, et Magdelaine conointe par mariage avec Claude Aubelin escuier seigneur de Nuisement.

Jacques de Joybert escuier à présent vivant en 1657 seigneur d'Aulnay-le-Chastel et petit Aulnay est conioint par mariage avec dam[lle] Magdelaine Dets, de ce mariage sont issus, Hiérosme, Philippes, Jacques, Louise, Magdelaine jeunes enfants.

Branche. Pierre de Joybert escuier seigneur de Soulanges, Coulemiers et Amblancourt, troisiesme fils de Jacques de Joybert et de dam[lle] Louise Biset ci-dessus fut conioint par mariage avec dam[lle] Perrette Le Gorlier. De ce mariage sont issus Jacques, Claude, Françoise décédée sans hoirs, Louise conointe par mariage avec Zacharie Gervaisot escuier seigneur de la Folie, Perrette conointe par mariage avec Germain de Baudier vivant escuier seigneur de Bersieux et de St-R........, Marie religieuse en l'abbaye de Saint-Jacques près Vitri du Partois.

Jacques de Joybert escuier seigneur de Coulemiers fut conioint par mariage avec dam[lle] Louise Truc icelle en premières nopces, de ce mariage sont issus. Hiérosme, Francoise conointe par mariage avec noble homme Guillaume Dombal, Jeanne conointe par mariage à Pierre Raulet escuier seigneur de Mutigni, la Chaussée.

Hiérosme de Joybert escuier seigneur de Coulemiers fut conioint par mariage avec dam[lle] Françoise Hallé. De ce mariage sont issus Hiérosme mort au service du Roy, Louise.

Claude de Joybert escuier seigneur de Soulanges second fils de Pierre de Joybert et de Perrette Le Gorlier cy-dessus fust conioint par mariage avec dam[lle] Magdelaine Mauclerc en premières nopces, et en secondes nopces avec dem[lle] Claude Brissier ; du premier mariage sont issus Claude, François tué au service du Roy, Nicolas tué pareillement au service du Roy, Perrette décédée fille. Du second mariage sont issus Pierre, François, Jean, Michel, Marie, Marguerite et Nicole.

Michel de Joybert conioinct par mariage avec d[elle] Marie Linage.

Claude de Joybert escuier seigneur de Soulanges fut conioint par mariage avec damoiselle .... (de Handresson), de ce mariage est issue Élisabeth * fille unique.

1464. — Vue l'enqueste faite de la noblesse généalogie et extraction de Francois de Joybert par Pierre de Cheppes controlleur du grenier à scel pour le Roy à Chaalons et tabellion royal du baillage de Vermandois commissaire à ce député et ordonné par M[r] le bailli de Vitri à la poursuite et diligence dudit Francois de Joybert sur procès meu entre le procureur du Roy audit baillage de Vitri et led. de Joybert oposant et défendeur afin de pouvoir posséder fief comme nobles dans led. baillage par laquelle enqueste appert led. Francois estre fils de Simon de Joybert escuier dit de St-Mard-sur-le-Mont et de dam[lle] Marie Ogier le Gourlat et cousin (veau) de germain de Thomas Joybert dit le Doux fils de Simon Joybert ecuier et de D[elle] Marie Ogier le Gourlat sœur de Francois Ogier le Gourlat, vivant eschanson du Roy et estre né et abstraict d'extraction noble tant du costé paternel que du maternel et qu'il avait été produit en fin de ladite enqueste par forme de preuves les lettres originales de sentence données au profit de Thomas Joybert dit le Doux par laquelle les meubles d'entre luy et dam[lle] Catherine de Viennette sa femme décédée comme il se praticque entre les survivants des nobles luy ont été adiugez lad. enqueste commencée le 7e jour de décembre 1464 étant en parchemin signée de Cheppes. avec paraphe.

Item, une certification du lieutenant-gnal de Vitri portant que Francois Joybert escuier auroit été (deschargé) du procès par-devant luy a requeste du procureur du Roy aud. balliage pour cause que led. Francois tenait certain fief dans led. balliage, ... habil à tenir et posséder fief et jouir de toutes

* Ce n'est point Élisabeth, c'est Madeleine qui épousa Louis de Beauvais. (V. plus haut; p.55).

franchises et libertés de noblesse telles qu'ont accoustumé de jouir les nobles du païs . . . . de balliage de Vitri estant icelle certification en parchemin en date du 6 janvier 1465. Signée . . . . avec paraphe.

1465. Item, une sentence du bailli de Vitri du 4 jour de décembre 1465 rendue contradictoirement entre le Procureur du Roy et led. Francois Joybert par laquelle veu lad. enqueste led. Joybert est déclaré bien oposant à luy permis de tenir et posséder fief et iouir des privilèges de noblesse . . . . . signée Lartilleu et par collation signée Defforges . . . . à Chaalons et d. . . . . . . avec paraphe.

1547. Item, les lettres patentes du Roy Henri du 12 mars 1547 signées par le Roy en son conseil et scellées Garnier, de relèvement données en faveur de Jean Joybert escuier seigneur de Soulanges addressantes aux esleus de Chaalons.

1544. Item, les lettres patentes du Roy Francois du 28 avril 1544 signées par le Roy en son conseil : laleman avec paraphe de relèvement dud. Jean de Joybert données à Jacques de Joybert son fils addressantes aux esleus de Chaalons.

1548. Item, une enqueste faite en conséquence des lettres du Roy Henri sur les qualitez noblesse généalogie dudit Jean de Joybert et celles de ses prédécesseurs par-devant les esleus de Chaalons du 5 jour de juillet 1548 par laquelle apert led. Jean estre noble et extrait de nobles lignées de dud. Francois de Joybert et de Catherine le Cerf ses père et mère.

1548. Item, les lettres originales des esleus de Chaalons du 8 jour d'aoust 1548 portant l'entérinement desd. lettres du Roy Henri le procureur du Roy oui et les gens du conseil de la ville de Chaalons apellés par lesquelles il apert qu'il auroit été permis aud. Jean de Joybert escuier seigneur de Soulanges de jouir des privilèges dont les autres nobles du païs ont accoustumé user lad. sentence estant en long parchemin signée Godet avec paraphe.

1552. Item, les lettres de souffrance de faire les foy homages des terres et seigneuries de la Grand'Cour et dépendantes de Verneuil données à Jean de Joybert escuier seigneur de Soulanges grand'père tuteur et curateur de Guillaume Jean et Pierre et Simon enfants mineurs de feu Jacques de Joybert du 25 novembre 1552. Signée B.......

1532. Item, les lettres d'institution données par le lieutenant au Tnal de Chastillon de l'estat et office de garde des bois terres et seigneuries de Verneuil de la personne de Jean Destrées nommé par Jacques de Joybert escuier seigneur de la Grand'Cour à Verneuil. Du XIIII may 1532. Signé L......

1547. Item, autres lettres d'institution en l'estat et office de maieur sur le fait des bois de la Pi..... et du fief de la Grand'Cour à Verneuil données par led.

Jacques de Joybert escuier seigneur d'Aulnay-le-Chastel et de Verneuil, du XIIII 1547. Signées Joybert.

1550. Item, les lettres patentes du Roy Henri du 26 juillet 1550 signées par le Conseil en la Chambre des Comptes Vranvier par lesquelles il apert des foy homages faits au Roy par led. Jacques de Joybert escuier seigneur d'Aulnay-le-Chastel pour la terre et seigneurie de la Grand'Cour à Verneuil.

1550. Item, les lettres de commission des gens des comptes à Paris au bailli de Vitri ou son lieutenant à Chastillon du 26 juillet de l'an 1550 signée D...... de main-levée aud. Jacques de Joybert escuier seigneur d'Aulnay-le-Chastel pour le fief de la Grand'Cour.

1551. Item, l'acte de main-levée dud. fief de la Grand'Cour faite par le lieutenant-gnal de Chastillon-sur-Marne aud. Jacques de Joybert escuier seigneur d'Aulnay-le-Chastel et de Verneuil-sur-Marne du 25 juin 1551. Signée Bourgeois.

Item, les lettres de comparition au ban et arrière-ban par led. Jacques de Joybert escuier seigneur desd. lieux par-devant le bailli de Vitri-le-Francois. Signé Martin.

1554. Item, un acte de main-levée du bailli de Vitri ou son lieutenant à Chastillon du fief de la Grand'Cour donné à Nicolas Mathé marit de Louise Biset vefve dud. Jacques de Joybert escuier seigneur dud. lieu de Verneuil, du 21 may 1554. Signé Trudelle.

1567. Item, un extraict des Registres de la Convocation du ban et arrière-ban faite à Chaalons des 16 et 17 octobre 1567 par-devant M. Mess. de Pavant et de Colombes commissaires, de la comparition de Guillaume de Joybert escuier seigneur d'Aulnay-laistre tant en son nom que pour damoiselle Louise Biset sa mère veufve dud. feu Jacques de Joybert vivant escuier seigneur d'Aulnay et comme ayant la garde noble de Jean et Pierre de Joybert enfants dudit deffunt et d'elle. Signé le Maistre.

1569. Item, une sentence du bailli de Vitri du 17 déc. l'an 1569 portant ...... du ban et arrière-ban aud. Guillaume de Joybert escuier au nom et comme ayant la garde noble de Pierre et Jean de Joybert ses frères pour les causes y contenues. Signé Son...

1570. Item, le contract du mariage de Jean Joybert escuier seigneur de la Grand' Cour de Verneuil avec dam^lle Jeanne Feret fille de Jean Feret escuier seigneur d' Oiri, Drulli, de la Mothe à ..... estant en parchemin du 16 may 1570. Signé : de Canal, Jacobé nottaires royaux à Chaalons par lequel apert led. Jean estre fils dud. Jacques de Joybert.

1571. Item, une sentence du maître particulier des eaux et forêts du Chasteau-Thierri du 13 feb. 1571 signée Gastelier donnée pour Guillaume Jean et Pierre les Joyberts escuier seigneur de la Grand'Cour.

1571. Item, le procès-verbal de la marque et deslivrance de bois coupé avec le raport des experts au profit desd. Guillaume, Jean et Pierre de Joybert escuiers seigneur dud. lieu du 22 feb. 1571 signé Gastelier.

1571. Item, l'adueu et dénombrement de la terre et seigneurie d'Aulnay-le-Chastel mouvant du Roy à cause de son chastel de Vitri en parthois baillé en la chambre des comptes à Paris par Guillaume de Joybert escuier seigneur d'Aulnay-le-Chastel Coulemiers Amblancourt tant pour luy que pour Jean de Joybert escuier seigneur de la Grand'Cour et Verneuil et Pierre de Joybert ses frères à eux escheus en ligne directe par le deceds de feu Jacques de Joybert vivant escuier seigneur desd. lieux leur père icelluy dénombrement étant en parchemin du 24 feb. 1571. Signé Guillaume de Joybert ; Rousel de Pinteville notaires royaux et collationné par l'auditeur de la Chambre le XXIIII mars 1571. Signé Till... avec paraphe.

1572. Item, un partage fait par-devant le bailli de Chaalons du 17 mars 1572 d'entre lesd. Guillaume, Jean et Pierre les Joybert par .... estant en parchemin signé..... et scellé par lequel apert lesdits Guillaume, Jean et Pierre les Joybert estre frères germains enfants et hérittiers de défunct Jacques de Joybert leur père et du partage noble entre eux des maisons et fiefs.

1576. Item, une sentence du bailli de Vitri ou son lieutenant à Chastillon-s-Marne du 8 juill. 1576 signée Moreau à Jean de Joybert escuier seigneur de la Grand'-Cour à cause des foy homages faits par luy de lad. terre.

1574. Item, un arrest des commissaires gn̄aux ordonnés par le Roy en la Chambre de la Reine au palais à Paris du 10 sept. 1574 signé .... avec paraphe de main-levée des terres de la Grand'Cour-Verneuil et Vicomté de Passi appartenant aud. Jean de Joybert escuier seigneur desd. lieux.

1577. Item, un partage d'entre Jean de Joybert escuier seigneur de la Grand'Cour et Verneuil et Pierre de Joibert aussi escuier sieur de Coulemiers de Soulanges des biens de deffunt Guillaume de Joybert leur frère héritiers chacun pour moitié dud. Guillaume du 2 avril 1577 signé Pinteville.

1577. Item, ung acte de comparition de ban et arrière-ban dud. Jean de Joybert escuier seigneur de la Grand'Cour par-devant le lieutenant-gn̄al de Chasteau-Thierry du XIIII may 1577. Signé Béguin avec paraphe.

1577. Item, les lettres patentes du Roy Henri III addressantes au bailly de

Chasteau-Tierry ou son lieutenant à Chatillon sur Marne du 17 septembre 1577 accordées aud. Jean de Joybert pour y rétablir la justice. Signé Pousse.....

1577. Item, le contract du mariage d'entre led. Jean de Joybert escuier seigneur d'Aulnay-le-Chastel et de Verneuil avec dam[lle] Apolline Cauchon fille de Hiérosme Cauchon escuier s[r] de Dugni et de Ville en Tardenois estant en parchemin du ix L oct. 1577 signé .... et .... avec paraphe.

1580. Item, un dénombrement de la terre et seignenrie de la Grand'Cour baillé au Duc d'Alençon seigneur de Chastillon sur Marne par led. Jean de Joybert escuier seigneur dud. lieu signé Ledieu, ..., petit, Jean de Joybert.

(réception) 1580. Item, un acte de re....tion des officiers de la justice de la Grand'Cour par-devant le bailli de Chasteau-Tierry ou son lieutenant à Chastillon du 29 déc 1580 en conséquence des lettres patentes du Roy données à Jean de Joybert escuier seigneur dud. lieu.

1580. Item, l'acte de réception dud. dénombrement de lad. terre de la Grand'Cour baillé par led. Jean de Joybert escuier par-devant le bailli de Chasteau-Tierry ou son lieutenant gnal à Chastillon du 1 nov. 1580 signé Ledieu, ..., petit, Jean de Joybert, Matiraudon.

1581. Item, une sentence du prévost de Paris du XIII mars 1581 signée Drou.. pour led. Jean de Joybert escuier et appellé à la requeste de la dame de Choissy par laquelle apert led. Jean de Joybert estre fils et héritier de feu Jacques de Joybert escuier seigneur d'Aulnay.

1581. Item, une autre sentence du prévost de Paris du XIX aoust 1581 signée Drou.. avec la mesme qualité de filiation jointe aux quatre apointements rendus en la cause d'entre les parties.. mesmes qualités.

1582. Item, autre sentence du prévost de Paris du 8 déc. 1582 signée Drou.. donnée entre led. Jean de Joybert et lad. dam[lle] Marie de Choissy avec la mesme qualité de filiation.

1583. Item, un arrest de parlement du ix may 1583 donné contradictoirement entre led. Jean de Joybert escuier fils dud. Jacques de Joybert et lad. dam[lle] Marie de Choissy. Signé de Sons.

1587. Item, un extrait des regtres de comparition de ban et arrière-ban dud. Jean de Joybert escuier seigneur d'Aulnay-le-Chastel et la Grand'Cour par-devant le bailli de Vitri du i aoust 1587. Signé ......

1596. Item, une sentence de main-levée du bailli de Chasteautierry et son lieutenant à Chastillon sur Marne du 20 feb. 1596 signée Ledieu, petit, petit pour Théodo de la Pierre escuier marit de dam[lle] Apolline Cauchon auparavant veufve dudit feu Jean de Joybert vivant escuier seigneur d'Aulnay-le-Chastel et de la Grand'Cour.

1603. Item, un acte de foy-hômage et de la présentation du dénombrement de la terre de la Grand'Cour faite par-devant le lieutenant-gnal de Chasteautierry du 23 sept. 1603 signé Canilli.. par Hiérosme de Joybert escuier seigneur d'Aulnay-le-Chastel, Geoffroy Le Gorlier escuier seigneur d'Oiri en partie en son nom et à cause de dam[lle] Jeanne de Joybert sa femme à eux escheus en ligne directe par le décès de défunt Jean de Joybert leur père.

1603. Item, le dénombrement de lad. terre et seigneurie de la Grand'Cour baillé par-devant le lieutenant-gnal de Chastillon du 15 sept. 1603 affirmé le 23 desdits mois et an par led. Hiérosme de Joybert escuier, led. Geoffroy le Gorlier escuier tant en son nom qu'à cause de dam[lle] Jeanne de Joybert sa femme et consors par colation signé Dupui.

1608. Item, le contrat de mariage de Hiérosme de Joybert escuier seigneur d'Aulnay-le-Chastel et la Grand'Cour avec dam[lle] Louise Truc vefve de feu Jacques de Joybert vivant escuier seigneur de Coulemiers et de Soulanges du 4 nov. 1608 signé Besancon et plus bas Horguelin et Beschefer notaires royaux à Chaalons.

1609. Item, un partage d'entre led. Hiérosme de Joybert escuier seigneur d'Aulnay-le-Chastel d'une part et led. Gr. le Gorlier s[r] de la Grand'Cour et de Oiri en partie dam[lle] Jeanne de Joybert sa femme et consors du XI aoust 1609 signé Lefebure et Lafrique par lequel apert led. Hiérosme et Jeanne de Joybert estre enfans et héritiers dud. feu Jean de Joybert, escuier leur père.

* VIIe.

1613. Item, un acte de foy-homage fait par-devant le bailli de Vitri du * bn janvier 1613 par Hiérosme de Joybert escuier seigneur d'Aulnay-le-Chastel à cause de lad. terre à luy obuenue en ligne directe par le décès dud. Jean de Joybert escuier son père vivant seigneur dud. Aulnay et la Grand'Cour.

1613. Item, l'adueu et dénombrement de lad. terre et seigneurie d'Aulnay vérifiée par-devant le bailli de Vitri baillé par led. Hiérosme de Joybert seigneur d'Aulnay-le-Chastel à luy escheue en ligne directe par le décès dud. feu Jean de Joybert son père estant en parchemin du 28 janvier 1613. Signé de Pinteville.

1616. Item, les lettres royaux du 4 juin 1616 signées de .... ampin obtenues par led. Hierosme de Joybert escuier seigneur d'Aulnay, Geoffroy le Gorlier escuier seigneur de la Grand'Cour et de Verneuil dam[lle] Jeanne de Joybert sa femme à cause d'elle tant pour eux que pour led. Hierosme Louise Nicolas les Joyberts tous enfants héritiers de feu Jean Joybert vivant escuier seigneur desd. lieux contre Joachim et .... de Baradat.

1616. Item, un arrest du parlement du 23 juin 1616 signé ...... donné entre lesd. parties aud. nom de ayant cause qualité contradictoirement touchant la qualité de seigneur de Verneuil.

1641 Item, un extrait du tombeau en marbre blanc situé en l'église Ntre-Dame de Chaalons en la nef d'icelle au milieu où se voiait escrits Jean de Joybert escuier seigneur de Soulanges, Jacques de Joybert escuier seigneur d'Aulnay-le-Chastel Coulemiers Soulenges Amblancourt, Verneuil Jean de Joybert fils dudit Jacques aussi escuier seigneur desd. lieux, fait par-devant T.... et Horguelin notaires royaux à Chaalons du xi juin 1641.

1634. Item, une sentence des esleus de Vitri le François du 1 juill. 1634 signée Paille.... par laquelle led. Hierosme de Joybert fils dud. Jean avait été maintenu et gardé en la possession et jouissance des privilèges de noblesse ensemble Jean, Jacques, Louise de Joybert y dénommés ses enfants.

1655. Item, un jugement de vérification de noblesse dud. Hierosme de Joybert s^r^ d'Aulnay-le-Chastel et de Hierosme de Joybert fils de feu Jacques de Joybert seigneur de Coulemiers et de la Chaussée rendu par Mr de Choisy conseiller du Roy en ses conseils d'estat, maître des requestes ordinaire de son hostel et Antoine Martin de Pussor aussi conseiller du Roy en la Cour des Aydes à Paris commissaires députés par sa majesté pour le regalement des Tailles en la généralité de Champagne led. jugement en parchemin du 10 feb. 1635 par extrait desliuré du greffe de l'Élection de Chaalons du xiiii avril 1635. Signé ....

1635. Item, un acte de comparition au ban et arrière-ban par led. Hierosme de Joybert escuier seigneur d'Aulnay et Devil (de Ville en Tardenois) par-devant Paul Fay seigneur du Chastelet conseiller du Roy ordinaire en ses conseils d'estat et privé Intendant de la justice en Champagne près M^r^ le comte de Soissons du xi aoust 1635. Signé Paul Fay et plus bas par mon dit sieur fa... scellée, ensemble l'insinuation dud. acte du registre des insinuations du balliage de Vitri du 20 oct. 1635 signée Decombles, Dombal, Félix portant led. acte descharge dud. ban pour les causes y contenues.

1635. Item, le congé donné à Jacques de Joybert nommé alors Devil pour retourner du service de Holande en France par M^r^ le mareschal de Brézé lieutenant-gnal pour le Roy en ses armées. Fait à la Haye le 6 déc. 1635. Signé de Brézé Scellé et plus bas par Monseigneur Ardel.

1637. Item, un acte de réception du foy-hômage dud. Jacques de Joybert escuier seigneur d'Aulnay-le-Chastel pour l[illegible]nay-le-Chastel, le petit Aulnay, de Vil en Tardenois tant pour luy [illegible] défunt Hierosme de Joybert escuier seigneur desd. lieux que p[illegible] Truc vefve dud. défunt et pour dem[lles] Louise et Madeleine de Joybert ses sœurs par-devant les thrésoriers gnaux de France en la généralité de Champagne du 22 déc. 1637 : Signé Horguelin.

1641. Item, le contrat de mariage dud. Jacques de Joybert escuier seigneur d'Aulnay le Chastel et de Ville-en-Tardenois fils de défunt Hierosme de Joybert vivant escuier seigneur desd. lieux et de damoiselle Louise True avec damoiselle Madeleine Dets fille de défunt Henri Dets vivant escuier seigneur de Grivi, Loisi et Ardeüil et de dam[lle] Madeleine Beschefer du xbn janvier 1641 (17 janv. 1641) par-devant Angenou (Angenoust) et Beschefer notaires royaux à Chaalons.

1641. Item, un jugement de vérification de noblesse dud. Jacques de Joybert escuier seigneur d'Aulnay dressé par Jean Bertel de Grémonville conseiller du Roy en ses conseils maître des Requestes ordinaires en son hostel Intendant de la justice, police et des finances en la province de Champagne et armées de Sa Maiesté. Philpe François s[r] de Montbayen Jean Lefebure sieur de Fontaines et Joachim de ...... s[r] du Ruisseau conseillers du Roy thrésoriers génaux de France commissaires députez par Sa Maiesté pour lextion (l'exécution) de son édit de déclaration du mois de nov. 1640 estant en parchemin du 2 mars 1641. Signé par mesd. s[r] garde greffier de l'eslection de Chaalons.

1641. Item, un adueu et dénombrement baillé par-devant les thrésoriers gñaux de France en Champagne par led. Jacques de Joybert escuier seigneur d'Aulnay-le-Chastel et petit Aulnay, de lad. terre à luy obvenue en ligne directe par le décès de feu Hierosme de Joybert vivant escuier seigneur desd. lieux son père estant en parchemin resceu led. 6 juill. 1641 signé Horguelin.

1641. Item, une sentence de Nicolas Paillot conseiller du Roy au bailliage et siège présidial de Troyes commissaire subdélégué par mess. les commissaires génaux députés par Sa Maiesté pour l'exécution des déclarations du dernier febv. 1640 concernant la confirmation et l'exemption du droit des francs-fiefs au ressort de Vitri, icelle sentence du 18 juillet 1641 signée pitois portant renvoy dud. Jacques de Joybert comme noble de race.

1641. Item, une sentence dud. Nicolas Paillot dud. ix juillet 1641 signée pitois estant en parchemin portant pareillement renvoy de dam[lle] Jeanne de Joybert fille dud. Jean de Joybert comme noble de race.

Tout ce que cy devant a été escript de la main de Monsieur de Droüilliy thrésorier de France aynsy qu'il sera vérifié par les originaux cy specifiez tesmoing mon signe cy mis l'année mil six cent cinquante-sept.

Jacques de Joybert.

La sentence de maintenue de la noblesse de la famille Dets fut rendue après représentation des tittres et pièces justificatives de la noblesse de cette maison et à cause des services rendus par les Dez et leur défunt père dans ses armées à Sa Mté, laquelle représentation avait été faite par Madelène Beschefer, Dame de Condé sur Aixne, veuve de feu Henry Dez vivant escuier seigneur de Grivy, Loisy et Ardeüil : et cette sentence portait que : « Jan Dez l'aîné escuier, était capitaine d'une compagnie de gens de pied français au régiment du sieur de Mondejeux, et que Jan Dez le jeune aussi escuier, seigneur de Condé-sur-Aixne était lieutenant dans la compagnie de chevau-légers commandée par le sr de Saint-Germain ».

Il est aussi fait mention de cette famille, dans les preuves de noblesse faites en 1670, par-devant Mgr de Caumartin par la maison de Roucy, dans lesquelles preuves il est dit : « Salomon de Roucy seigneur de Manre, etc...... épousa en 1res noces Marie d'Etz fille de deffunt honnoré seigneur Henry d'Etz et de Dlle Madeleine Beschefer Dame de Condé-sur-Aixne, et que elle était en cette circonstance, assistée de honnoré seigneur Jean d'Etz son frère, écuyer seigneur de Grivy, capitaine d'infanterie pour le service de S. Mté, et d'honnoré seigneur Jacques de Joibert son beau-frère, escuyer etc..... » (Caumartin : Preuves de la maison de Roucy).

La garde noble des enfants de deffunt Henry Dez vivant escuier seigneur de Grivy, Loisy, Ardeüil, demeurant à Condé sur Aixne, avait été donnée à Madelène Beschefer veuve dud. Henry Dez, leur mère, par acte du 22 octobre 1618, jour où elle comparut à cet effet, devant Claude Baillet, lieutenant-gnal civil et criminel du bailliage de Vitry, au siège de Ste-Manehould ; et les 8 avril 1630 et 6 janvier 1632 il était desliuré au sr de Grivy (Henry Dez) par le Roy Louis XIII, deux commissions de gens de pied au régiment du sr de Mondejeux, lequel Henry Dez était sans doute le frère de Madelène femme de Jacques de Joibert et de Marie femme de Salomon de Roucy, puisque ainsi qu'on vient de le voir Madelène Beschefer avait dès le 22 octobre 1618, la garde noble de ses enfants.

---

3 may 1692. — Inhumation dans l'église de Villers de « Noble Dame Claude Linage dame de Couvrot, Villers-sur-Marne et autres lieux femme de Messire Philippe de Joybert seigneur d'Ardeüil, Couvrot, Villers et autres lieux, de la paroisse de Couvrot demeurante à Villers-sur-Marne qui rendit l'esprit le vendredy second jour de may de l'année mil six cent quatre-vingt douze après avoir receu tous ses sacrements en parfaite connaissance ».

(Extrait délivré le 10 avril 1701, par Monnot curé de Couvrot et Villers).

Concession faite à Pierre de Joybert, au Canada.

« Louis de Buade, comte de Frontenac, gouverneur pour Sa Majesté au Canada...... etc...... savoir faisons que, sur la requête à nous présentée par Pierre de Joybert, écuyer, seigneur de Soulanges et de Marson, major de Pentagoët et commandant des forts de Gémésik et de la rivière Saint-Jean, contenant que depuis quatre années qu'il a l'honneur de servir sous nos ordres, dans lesdits forts, il a fait diverses réparations et augmentations à celui de Gémésik, afin de le rendre logeable et de défense, n'y ayant auparavant qu'un petit logement de bois tout ruiné, entouré de quelques palissades........... qu'il lui en a coûté beaucoup, et qu'il se verra encore contraint d'y faire de grandes dépenses, pour le remettre en état, à cause de la ruine complète qu'en ont faite les Hollandais, en le faisant prisonnier dans ledit fort il y a deux ans, et lui enlevant généralement tout ce qu'il avait.

« C'est pourquoi il requérait qu'il nous plût lui accorder pour son remboursement la propriété du fort ou maison de Gémések avec une lieue de chaque côté dudit fort, et deux lieues de profondeur sur les terres, le tout en fief, seigneurie, haute moïenne et basse justice, — Nous, en vertu du pouvoir donné par Sa Majesté, et en considération des services que ledit Pierre de Marson y a rendus, et pour la dépense qu'il y a faite et de la perte qu'il a soufferte il y a deux ans, lorsqu'il fut pris et pillé par les Hollandais, — avons audit sieur de Marson donné, octroyé, concédé par les présentes ledit fort de Gémések, avec une lieue de chaque côté dudit fort...... etc...... etc...... pour du tout jouir par lui en pleine propriété, ses hoirs et ayant cause en fief et seigneurie, haute moïenne et basse justice ; à la charge de la foy et homage que ledit s[r] de Marson, lesdits hoirs et ayant cause, seront tenus de porter au château de Saint-Louis de cette ville de Québec, duquel il relèvera aux droits et redevances accoutumés ».

« Donné à Québec le 16 octobre 1676, ainsi signé à l'original en parchemin : Frontenac », et contresigné plus bas ; par Monseigneur : « le Chasseur » avec paraphe.

Le titre de concession a été confirmé par arrêt du Conseil d'État du Roy, le 29 mai 1680, et enregistré au greffe du Conseil souverain à Québec, le 24 octobre dudit an, par moi greffier en chef audit Conseil ; signé : Peuvret. (Extrait du Mémoire des Commissaires ; grande éd[on] ; vol. II ; p. 570).

Monsieur Chartier de Lotbinière, obtint en 1685 une concession sur la rivière du Chesne (Canada), joignant la concession de s[r] Charles d'Amours, et joignant la concession du s[r] de St-Ours. — (Histoire des familles françaises du Canada contemporaines du chevalier Benoît. — Montréal ; 1867 : p. 301) et plus tard, cette concession fut ratifiée et augmentée comme on va en juger.

« Aujourd'huy 1er mars 1693, — le Roy — voulant confirmer et ratifier les concessions faites en son nom, en 1691, par ...... Frontenac et Champigny, confirme et ratifie la concession qu'ils ont faite, à Dame Marie-Françoise Chartier, veuve du s[r] de Marson ci-devant commandant en Acadie, d'une terre sur la rivière Saint-Jean, de quatre lieues de front sur deux lieues de profondeur, vis-à-vis la concession du s[r] de Chauffours, pour en jouir à titre de fief et de seigneurie ». Signé : Louis. — (Ibid. ; p. 301).

Il est dit dans l'un des inventaires des pièces produites pour établir la noblesse des Joybert, que : « Hierosme de Joybert comme seul filz dudict deffunct Jean de Joybert auroit choisy par son droict de préciput et aisnesse à luy attribué par la coustume de Vitri la maison et chastel d'Aulnay enclose de fossez plains d'eau pour en jouir suivant et aux termes de ladicte coustume et le surplus des biens auroit esté partagé ».

Le 23 avril 1765, Madame Anne-Charlotte de Cauchon veuve de Messire Jean-Armand du Vualk, chevalier, comte de Dampierre, faisait son testament qu'elle déposait entre les mains de notaires, à Chaalons. Par ce testament, elle instituait pour son héritier universel Mr de Roucy, son petit-neveu, à ce moment premier page du Roy et second fils de Jacques-Antoine de Roucy, son neveu : et elle faisait en même temps des legs mobiliers en faveur de ses neveux et nièces de Roucy. Plus tard, le 17 février 1772, elle ajoutait étant à Chaalons, un codicille à ce testament, codicille dans lequel elle s'exprime ainsi : « ayant fait réflexion que Mons. de Joybert * seigneur de Villers sur Marne pourrait être déchu de ma ditte succession, je déclare par mon présent codicille, que mon intention est que led. Mon s[r] de Joybert, prenne dans ma succession un tiers de ce qui m'appartient dans laditte terre d'Osne dont je lui fais don et leg à la charge par lui de contribuer pour un tiers dans les sommes et pensions dont j'ai chargé la dite terre par mon dit Testament que je confirme dans le surplus de ce qui y est contenu ».

De Joybert de Villers (Frédéric) reçut le brevet de chevalier de l'Ordre Royal et militaire de Saint-Louis le 16 mars 1816, comme ancien officier, et ses services sont ainsi énumérés dans l'histoire de l'Ordre R[l] et Mil[re] de St-Louis par Alexandre Mazas ; T. III ; p. 208 :

Né le 22 février 1763, page de M[r] le Duc d'Orléans, rang de sous-lieutenant

---

* Jérôme-Philippe avait bien été, ainsi qu'on l'a vu plus haut (v. p. 23), engagiste de la terre d'Osne avec Jean-Armand du Valk comte de Dampierre, mari de la testatrice, mais ce codicille laisse supposer d'après les termes dans lesquels il est conçu qu'il devait y avoir un lieu de parenté entre lui et elle : mais, quelle était l'origine de cette parenté, c'est ce qui n'a pu être déterminé.

en 1779, sous-lieutenant même année, lieutenant en 1785, capitaine réformé en 1787, en payant 6.750 livres ; a déposé cette somme ; a un brevet de retenue de ...... ; capitaine dit de réforme à la formation de 1788 ; capitaine de remplacement en 1790 ; a cessé d'être porté sur les contrôles le 15 sept. 1791. (Registre du 13 Cavalerie, ci-devant Orléans, de 1788 à 1793) — A complété ses services en émigration. — Il fut reçu par le comte de Bienville. (Fiches de classement) ».

De Joybert (Jean-Baptiste, Claude) frère puîné du précédent reçut le brevet de chevalier de l'Ordre R[l] et Mre de Saint-Louis le .... 1814, à titre également d'ancien officier. L'état de ses services est ainsi dressé dans l'ouvrage cité plus haut ; T. III ; p. 122.

« Né le 7 mai 1770 *, sous-lieutenant de remplacement dans Orléans-Cavalerie en 1787, réformé à la formation de 1788. (Registres d'Orléans-Cavalerie, de 1776 à 1788) — a été remplacé par son abandonnement en date du 21 octobre 1791. (Registre du 13 Cavalerie, ci-devant Orléans, de 1788 à 1793) — a servi dans la Vendée où il a été fait colonel. Il fut reçu par le vicomte de Malartic, (Fiches de classement) ».

Inscription existant sur la cloche de Villiers-aux-Bois (Haute-Marne) dont fut parrain L. A. P. de Joybert, et marraine Me Adèle-Louise-Thérèse de Thumery comtesse de Thomassin-Bienville, représentant leurs Altesses Royales Mgr le Comte et Mme la Comtesse de Chambord.

« J'ai été fondue en 1854 et bénite par Mr Thomas curé de Villiers-aux-Bois. — J'ai eu pour parrain Monseigneur Henri-Charles-Ferdinand-Marie-Dieudonné, comte de Chambord, et pour marraine Dame Marie-Thérèse-Béatrix Dest (d'Este) duchesse de Modène — représentés par — Mr Louis-Antoine-Paulin de Joybert et par Mme Adèle-Louise-Thérèse de Thumery, lesquels m'ont nommée : Marie.

L'ancienne petite cloche de la chapelle Saint-Hilaire de Villers portait simplement cette inscription : « Claude Linage et Madelène de Noue sa femme, seigneur et Dame de Villers. — 1647 — Cette cloche fut donnée et transportée à Couvrot dont Villers n'est qu'une dépendance, en 1848, et cela fut mentionné ainsi qu'il suit, sur une petite plaque de cuivre, qui avait été fixée sur la cloche : « Cette cloche a été donnée à l'église de Couvrot, par Mr de Joybert propriétaire de Villers, en septembre 1848 ».

En 1897, cette cloche ayant été refondue et augmentée, voici quels sont les

---

* Jean-Baptiste Claude naquit effectivement, le 8 septembre 1772 (Voir pl. haut ; p. 42) ; mais il était entré au service sous les prénoms d'un frère qu'il avait eu, qui portait les mêmes prénoms, mais qui né le 7 mai 1770, était mort le 4 avril 1771.

termes de l'inscription que l'on y a fait figurer, pour rappeler son ancienn origine :

« Je date de 1647 ; mes auteurs sont Claude Linage et Madelène de Non sa femme, seigneur et Dame de Villers. Donnée à l'église de Couvrot, e septembre 1848, par Mr de Joybert propriétaire de Villers. — Refondue e 1897 et considérablement augmentée, — nommée Louise-Marie-Marthe pa mon parrain : Jérome-Pierre-Charles-Ludovic, comte de Joybert, descendan direct des anciens seigneurs de Villers, et par ma marraine : Marie-Louise Marthe Jacobé de Goncour, descendante des anciens seigneurs de Couvrot ».

Ainsi qu'on vient de le voir, la cloche de l'ancienne église Saint-Hylaire d Villers, datant de 1647, qui avait été donnée en septembre 1848 à la paroiss de Couvrot, dont Villers n'est qu'une dépendance fut refondue et notablemer augmentée en 1897. Son baptême a eu lieu à Couvrot, le 30 mai, en mêm temps que celui de la grosse cloche qui fut elle aussi, refondue et augmentée Cette grosse cloche fondue en 1848, avait été bénite par le curé de Couvrot e nommée : Florence, par Mr Charles-François-Edmé de Joybert représenté pa Mr Louis-Antoine-Paulin de Joybert *, son frère, et par Madame Jacob de Goncour, née Marie-Anne-Florence, Duchesne de Courcy.

DE VAUGIRAUD.

La famille de Vaugiraud est originaire de l'Anjou, où en 1496, Jacque de Vaugiraud était écuyer tranchant de Jeanne de Laval, femme du roi René On cite encore parmi les membres éminents de cette famille : René de Vaugiraud prieur de Saint-Jouin, mort le 4 mai 1579, qui fut inhumé dans l'église d Saint-Jean-en-Grève, de Paris ; Gilles de Vaugiraud qui fut reçu Docteur e théologie vers 1512, et est qualifié en 1590, dans un acte où il figure, comm « conseiller et confesseur du Roy » ; Jean de Vaugiraud, fils de René et d Renée Dubouchet qui naquit au manoir paternel de la Richardière, près Longu le 11 novembre 1680 ; après avoir été d'abord curé de Beaupréau, il succéd en 1730 à Mgr Poncet de la Rivière comme Évêque d'Angers, et en cette qualité posa la première pierre du grand autel de la Cathédrale d'Angers, en 1757 il mourut en 1758. (Dictionnaire historique de l'Anjou, par Célestin Port ; T. 2e Il avait été sacré le 18 janvier 1731, (Almanach royal, pour 1745, p. 47) Pierre, comte de Vaugiraud, qui prit part à la guerre d'Amérique, comm capitaine de vaisseau chef d'état-major de l'amiral de Grasse : il émigra e

---

* Louis-Antoine-Paulin de Joybert qui fut parrain en 1848 de la grosse cloche de Couvro par représentation de son frère Charles-François-Edmé ; était le père de Jérôme-Pierre-Charles Ludovic parrain en 1897 de la petite cloche refondue, datant de 1647, de même qu Madame Jacobé de Goncour née Marie-Anne-Florence Duchesne de Courcy, qui fut marraine e 1848, était la grand'mère de Marie-Louise-Marthe Jacobé de Goncour, marraine en 1897.

Angleterre en 1792, et prit en 1795 une part très-active à l'expédition de Quiberon ; il a même laissé à ce sujet une correspondance fort intéressante avec le comte Hector, mais qui n'a jamais été publiée. Nommé vice-amiral à la Restauration et gouverneur de la Martinique, il ne voulut point reconnaître pendant les cent jours le gouvernement impérial. Le 8 février 1798, étant alors maréchal de camp et capitaine de vaisseau, il avait été fait commandeur de l'Ordre R[l] et Mil[re] de St-Louis ; et plus tard après 1814, étant vice-amiral honoraire et gouverneur de la Martinique, il fut nommé par Louis XVIII, grand'croix du même ordre. Il prit sa retraite vers 1824, et mourut peu après sans postérité *. — En 1789, le chef de la famille était le marquis de Vaugiraud, capitaine aux gardes françaises, cité en 1786 pour une réunion en son hôtel des Sables d'Olonne, dans un procès-verbal de la réunion des gentilshommes du Bas-Poitou (1). Arrêté le 10 août 1792, il périt à l'abbaye dans les massacres de septembre suivant. Il avait épousé d[elle] Denys de Senneville, fille d'un intendant de la maison du Roy ; il avait une sœur qui épousa le comte de Biré (de Nantes) ; et un frère (l'amiral) dont il a été parlé ci-dessus qui éleva ses enfants.

Marie-Joseph-Guillaume de Vaugiraud, l'aîné de ceux-ci, qui était page de la Reine Marie-Antoinette, émigra, et fut nommé à la Restauration, directeur des Haras royaux de Rosières-aux-Salines (Meurthe), puis du Bec-Hellouin (Eure). Il avait épousé d[elle] Catherine-Lucrèce Gigault de la Salle dont il eût trois fils : 1° Paul, marquis de Vaugiraud, l'aîné, garde du corps à la compagnie de Grammont en 1814, fut nommé la même année, capitaine aide-de-camp du gouverneur de la Martinique ; rentré en France en 1818, comme chef d'escadrons, il exerçait les fonctions de ce grade au 9e régiment de cuirassiers, lorsque survinrent les évènements de 1830, à la suite desquels il donna sa démission et se retira à Nancy, où il avait épousé dam[lle] Aline d'Hoffelize. Il avait reçu en 1823, le brevet de chevalier de l'Ordre R[l] et Mil[re] de Saint-Louis, et faisait partie de ceux nommés en Espagne par le Duc d'Angoulême, qui furent confirmés plus tard, par ordonnance du Roi. (Histoire de l'Ordre de Saint-Louis, par A. Mazas ; T. III ; p. 256) ; 2° Eugène, comte de Vaugiraud, d'abord garde du corps, puis écuyer du Roi (Louis XVIII et Charles X), donna aussi sa démission en 1830, et se retira à Saint-Victor d'Épine (Eure), où il est mort en 1872 ; il avait épousé d[elle] Agathe-Françoise Le Cordier de Bigars de la Londe, fille du marquis

---

* La Vendée militaire, par Crétineau-Jolly.

Quiberon, par Alfred Nettement.

Histoire de la Bretagne et de l'Anjou, par M. l'abbé Chevalier.

(1) La terre de famille des Vaugiraud était la Roche-Guillaume, près la Motte-Achard (arrondissement des Sables d'Olonne).

BIBLIOTHÈQUE NATIONALE R.F. IMPRIMÉS

de la Londe, à ce moment maire de Versailles dont il eut plusieurs enfants, parmi lesquels Gabriel-Joseph, qui épousa à Metz en 1863, d[elle] Marie de Joybert.

(Voir aussi pour les états de services de l'amiral de Vaugiraud : Biographie maritime, par M. Hennequin, T. III ; p. 537 à 541).

Si en effet d'après la note indiquée page II de l'avant-propos, on les consulte, on y trouve non seulement d'abord, une énumération nombreuse de fiefs tenus à ce moment par divers membres de la famille de Joibert (Joybert) ; mais encore, la mention précise indiquant que des possesseurs de fiefs, ou de fonctions dans la hiérarchie contemporaine, et qui sont désignés sous des noms, dont la concordance avec le sien ne paraît pas possible, doivent bien en réalité lui être rattachés.

(Le livre des vassaux du comté de Champagne et de Brie, de 1172 à 1222 ; publié d'après le manuscrit unique des Archives nationales, par Aug. Longnon ; p. 290 et 293).

FIEFS, SEIGNEURIES ET NOMS DE LIEUX

MENTIONNÉS PLUS HAUT.

Ablancourt ; canton et arrondissement de Vitry-le-François.

Amblancour ; aujourd'hui détruit, autrefois village de Champagne annexe de Bassû, village dans la Basroche. (Vaverai ; p. 17 et 28).

Les Aires ; fief dans la paroisse de Donnemant village en Champagne, canton de Chavanges, arrondissement de Arcis-sur-Aube.

Ambly ; aujourd'hui Ambly-Fleury, canton et arrondissement de Rethel.

Anglures ; chef-lieu de canton, arrondissement d'Épernay.

Apremont, ou, Apremont-sur-Aire ; canton de Grandpré, arrondissement de Vouziers.

Arambescour ; depuis Rambescour et Rambécourt ; commune de Chassericourt, canton de Chavanges, arrondissement de Arcies-s-Aube.

Arcies-sur-Aube ; aujourd'hui Arcis-s-Aube ; chef-lieu d'arrondissement du département de l'Aube.

Ardeüil ; hameau dépendant de Manre ; canton de Monthois, arrondissement de Vouziers.

Arrigny ; canton de Saint-Remy-en-Bouzemont, arrondissement de Vitry-le-François.

Arzillières ; canton de Saint-Remy-en-Bouzemont, arrondissement de Vitry-le-François.

Aubanton ; chef-lieu de canton, arrondissement de Vervins (Aisne).

Aulnay-le-Chastel ; aujourd'hui Aulnay-s-Marne ; canton de Ecury-s-Coole, arrondissement de Châlons.

Aulnay-l'Aitre ; canton et arrondissement de Vitry-le-François.

Petit Annay ; fief mouvant du Roy et dépendant d'Ablancour ; canton et arrondissement de Vitry-le-François.

Autruche ; canton de Le Chesne, arrondissement de Vouziers.

Autry ; canton de Monthois, id.

Auve ; canton de Dommartin-sur-Yèvre, arrondissement de Sainte-Menehould.

Baïarne ; commune de Soulanges, canton et arrondissement de Vitry-le-François.

Ballay ; commune de Blaise, canton et arrondissement de Vouziers.

Beaudres ou Beaudroits ; aujourd'hui Baudray ; commune d'Osne-le-Val, canton de Chevillon, arrondissement de Wassy-s-Blaise.

Belval ; commune de Goudelancourt-lez-Berrieux, canton de Craonne, arrondissement de Laon.

Berrieux ; canton de Craonne, arrondissement de Laon.

Baussancour ; aujourd'hui Bossancour, canton de Vendeuvre-sur-Barse, arrondissement de Bar-sur-Aube (Aube).

Beauvoir ; canton de Breteuil, arrondissement de Clermont (Oise).

Berzieux ; canton de Ville-sur-Tourbe, arrondissement de Sainte-Menehould.

Bétignicourt ; canton de Brienne-le-Château, arrondissement de Bar-sur-Aube.

Bienville ; canton de Chevillon, arrondissement de Wassy-s-Blaise (Haute-Marne).

Bierges ; aujourd'hui commune de Chaintrix-Bierges, canton de Vertus, arrondissement de Châlons-s-Marne (Marne).

Blaisy ; canton de Juzennecourt, arrondissement de Chaumont.

Blesmes ou Blêmes ; canton de Thiéblemont-Farémont, arrondissement de Vitry-le-François.

Le Boberil, près Tréguier ; arrondissement de Lannion (Côtes-du-Nord).

Braux-Sainte-Cohierre ; canton et arrondissement de Sainte-Menehould.

La Bréjandais ;

Briconte ;

Le Buisson ; canton de Thiéblemont-Farémont, arrondissement de Vitry-le-François.

Bussy-aux-Bois ; canton de Saint-Remy-en-Bouzemont, arrondissement de Vitry-le-François.

Bussy-le-Chastel ; canton de Suippes, arrondissement de Châlons-s-Marne.

Canal ; fief dépendant de Frignicourt ; canton et arrondissement de Vitry-le-François. (V. p. 105).

Carlat ; aujourd'hui Carlat et Bayla ; canton de Le Fossat, arrondissement de Pamiers.

Chasteau-Bruslé ;

Chastillon-sur-Marne ; canton de Port-à-Binson, arrondissement de Reims.

Châtillon-sur-Bar ; canton de Le Chesne, arrondissement de Vouziers.

Chandeneux ; commune et canton de Vertus, arrondissement de Châlons.

Chaudefontaine ; canton et arrondissement de Sainte-Menehould.

La Chaussée ; canton et arrondissement de Vitry-le-François.

Cheppes ; canton de Écury-sur-Coole, arrondissement de Châlons-s-Marne.

Clairvaux ; aujourd'hui Clairvaux-sur-Aube, commune de Ville-sous-La Ferté, canton et arrondissement de Bar-sur-Aube (Aube).

Coigny ;

Coin-sur-Seille ;

La Combaudière ; château dépendant de la commune d'Ingrandes ; canton de Saint-Georges sur-Loire, arrondissement d'Angers (Maine-et-Loire).

Compertry ; aujourd'hui Compertrix, canton et arrondissement de Châlons-s-Marne.

Condé-sur-Œsne ; aujourd'hui Condé-sur-Aisne au confluent de l'Aisne et de la Vesle, aujourd'hui canton de Vailly, arrondissement de Soissons (Aisne).

Condes ; canton et arrondissement de Chaumont-en-Bassigny (Haute-Marne).

Coole ; canton de Sompuis, arrondissement de Vitry-le-François.

Coulmier ou Coullemiers ; fief dépendant d'Aulnay-le-Chastel.

Courcelles, commune de Fresnoy, canton de Lusigny, arrondissement de Troyes.

La Grand'Cour ;

Couvrot ; canton et arrondissement de Vitry-le-François.

Cramailles ; commune de Clesles, canton d'Anglure, arrondissement d'Épernay ; ou commune dudit canton d'Oulchy, arrondissement de Soissons.

Crespy, canton de Soulaines, arrondissement de Bar-sur-Aube.
Cuiry-lez-Iviers ; canton de Rozoy-sur-Serre, arrondissement de Laon (Aisne).
Cuis ; canton d'Avize, arrondissement d'Épernay.

Darmannes ; canton d'Andelot, arrondissement de Chaumont.
Detremont ;
Dolignon ; canton de Rozoy-sur-Serre, arrondissement de Laon.
Domprot ; commune de Saint-Ouin ou Saint-Ouen, canton de Sompuis, arrondissement de Vitry-le-François.
Drulli ; aujourd'hui Drouilly, canton et arrondissement de Vitry-le-François.
Dugny ; fief dépendant de Lhéry, canton de Ville-en-Tardenois, arrondissement de Reims.
Dureil ; canton de Malicorne, arrondissement de La Flèche.

Écrainville ; canton de Goderville, arrondissement de Le Hâvre (Seine-Inférieure).
Ernemont-sous-Buchy ; canton de Buchy, arrondissement de Rouen id.
Étrepy ; canton de Thiéblemont-Farémont, arrondissement de Vitry-le-François.
Euvezin ; canton de Thiaucourt, arrondissement de Toul (Meurthe-et-Moselle).

Falourdes ; aujourd'hui Falourdet, moulin dépendant de la commune de Longsols, canton de Ramerupt, arrondissement d'Arcis-s-Aube (Aube).
Fauennes ;
La Feuillée ;
La Folie ; pr. Épinay (Marne).
Flanville ; autrefois canton de Courcelles-Chaussy, arrondissement de Metz (Moselle).
Fourdrinoy ; canton de Picquigny, arrondissement d'Amiens (Somme).
La Franchecourt ;

La Garenne ; château dépendant de la commune de Tréméven, canton et arrondissement de Quimperlé ; Ctes du Nord.
Les Gretz ; canton de Tournan, arrondissement de Melun (Seine-et-Marne).
La Grève ; commune de Saint-Marcel, canton de Reuwez, arrondissement de Mézières (Ardennes).
Grauves ; canton d'Avize, arrondissement d'Epernay.
Germinon ; canton de Vertus, arrondissement de Châlons-s-Marne.
Goncour ; canton et arrondissement de Vitry-le-François.
Goudelancourt-les-Berrieux, village annexe de Berrieux, canton de Craonne, arrondissement de Laon (Aisne).
La Grant'Cour ; fief dépendant de celui de Verneuil, aujourd'hui Verneuil-s-Marne, canton de Dormans, arrondissement d'Epernay.
Grivi ; aujourd'hui Grivy, canton et arrondissement de Vouziers.
Grugé l'Hôpital ; canton Pouancé, arrondissement de Segré (Maine-et-Loire).

Haussignémont ; canton de Thiéblemont-Farémont, arrondissement de Vitry-le-François.

Herpont ; canton de Dommartin-sur-Yèvre, arrondissement de Sainte-Menehould.

Le Hochot ;

Huiron ; canton et arrondissement de Vitry-le-François.

Ingrandes ; canton de Saint-Georges-s-Loire, arrondissement d'Angers.

La Croisille ; canton de Cuq-Toulza, arrondissement de Lavaur (Tarn).

Les Landes ; fiefs dépendant de la paroisse de Saint-Rémy près Larzicourt, canton de Thiéblemont-Farémont, arrondissement de Vitry-le-François.

Laplace ;

Lestrée ;

Lhéry ; canton de Ville-en-Tardenois, arrondissement de Reims.

L'Isle-en-Rigaut ; canton d'Ancerville, arrondissement de Bar-le-Duc.

Livry ; canton de Suippes, arrondissement de Châlons.

Loisie-sur-Aisne ; canton et arrondissement de Vouziers.

Loisy-sur-Marne ; canton et arrondissement de Vitry-le-François.

Les Grandes-Loges ; canton et arrondissement de Châlons-s-Marne.

Lotbinière ;

Louvercy ; canton de Suippes, arrondissement de Châlons-s-Marne.

Lucémont ou Luxémont ; canton et arrondissement de Vitry.

Manre et Ardeüil ; canton de Monthois, arrondissement de Vouziers.

Marmoutiers ;

Marson ; chef-lieu de canton, arrondissement de Châlons-sur-Marne.

Le Mesnil ; aujourd'hui Le Mesnil-lès-Hurlu ou Le Mesnil-la-Cour ; canton de Ville-sur-Tourbe, arrondissement de Sainte-Menehould.

Méry-sur-Seine ; canton de Musigny-Méry, arrondissement d'Arcy-s-Aube.

Le Moland ; canton de Mordelles, arrondissement de .... (Ille-et-Vilaine).

Molesmes ; canton de Laignes (Côte-d'Or), arrondissement de Châtillon-sur-Seine.

Le Mondejeux ;

Montbaïen ; commune d'Ablois, arrondissement et canton d'Epernay (Marne).

Montcornet ; canton de Rozoy-sur-Serre, arrondissement de Laon (Aisne).

Moutier-la-Celle ; aujourd'hui Montier en l'Isle, canton et arrondissement de Bar-sur Aube (Aube).

Monvaux ;

Morambert ; fief dépendant de Hautte-Ville et Blaises sous Hautte-Ville, canton de (V. p. 105).

La Motte de Chandeneux ; commune et canton de Vertus, arrondissement de Châlons-sur-Marne.

Mutigny ; fief dépendant de Aulnay-le-Chastel, ou dépendance annexe de la Chaussée, canton et arrondissement de Vitry-le-François (Marne).

Mutry ; commune de Tauxières-Mutry, canton d'Ay, arrondissement de Reims.

Narcé ; château dépendant de la commune de Brain de l'Authion, canton et arrondissement d'Angers (Maine-et-Loire).

Neuville ; aujourd'hui La Neuville-aux-Bois, canton de Dommartin-sur-Yèvre, arrondissement de Sainte-Menehould.

Norrois ; canton de Thiéblemont-Farémont, arrondissement de Vitry-le-François.

Nuisement-aux-Bois ; canton d'Ecury-sur-Coole, arrondissement de Châlons-sur-Marne.

Nully ; canton de Doulevant-le-Château, arrondissement de Wassy-sur-Blaise.

Oiri, aujourd'hui Oiry ; canton d'Avize, arrondissement d'Epernay.

Orconte, canton de Thiéblemont-Farémont, arrondissement de Vitry.

Osne-le-Val ; canton de Chevillon, arrondissement de Wassy-sur-Blaise (Haute-Marne).

Pancey ou Pensée ; canton de Poissons, arrondissement de Wassy-sur-Blaise (Haute-Marne).

Passe-Loup-lès-Saint-Dizier ; Prieuré de Saint-Thiébault.

Passy-Soubz Saincte-Gemme ; aujourd'hui Passy-sur-Marne, canton de Condé-en-Brie, arrondissement de Château-Thierry (Aisne).

La Pissotte ; commune de Verneuil, canton de Dormans, arrondissement d'Epernay.

Plichancourt ; canton de Thiéblemont-Farémont, arrondissement de Vitry-le-François.

Poissons ; chef-lieu de canton, arrondissement de Wassy-sur-Blaise (Haute-Marne).

Pringy ; canton et arrondissement de Vitry-le-François.

Prosnes ; canton de Beine, arrondissement de Reims (Marne).

Puel-le-Montier ; canton de Montier-en-Der, arrondissement de Wassy-sur-Blaise.

Le Quesnoy ; aujourd'hui Le Quesnoy-sur-Airaines, canton de Molliens-Vidame, arrondissement d'Amiens.

Remy ; canton de Vis-en-Artois, arrondissement d'Arras (Pas-de-Calais).

Renaud; commune de Fresnoy, canton de Lusigny, arrondissement de Troyes (Aube).

Richecourt ; commune de Blaise, canton et arrondissement de Vouziers (Ardennes).

La Rouge-Maison ; commune de Grauves ; canton d'Avize, arrondissement d'Epernay.

Rouilly-Saint-Loup ; canton de Lusigny, arrondissement de Troyes.

Rozières ; canton de Montier-en-Der, arrondissement de Wassy-sur-Blaise.

Le Ruisseau ;

Sainsa et Carlat, aujourd'hui Carlat-Bayla, canton de le Fossat, arrondissement de Pamiers (Ariège).

Saint-Amand (sur Fion) ; canton et arrondissement de Vitry-le-François.

Sailly ; fief avec maison seigneurialle sise près le finage de Ponthion, canton de Thiéblemont-Farémont, arrondissement de Vitry-le-François.

Saint-Genest ; canton et arrondissement d'Epernay (Marne).

Saint-Mard-sur-le-Mont ; canton de Dommartin-sur-Yèvre, arrondissement de Sainte-Menehould (Marne).

Saint-Phal ; canton d'Ervy, arrondissement de Troyes.

Saint-Pierre-au-Mont ; abbaye de religieux à Chaalons de l'ordre de Saint-Benoit, fondée à Chaalons en 1028 par Roger I.

Saint-Remy-en-Bouzemont ; chef-lieu de canton, arrondissement de Vitry-le-François (Marne).

Saint-Remy sur-Bussy ; canton de Dommartin-sur-Yèvre, arrondissement de Sainte-Menehould.

Saint-Romain ;

Saint-Valery ; canton d'Oulchy-le-Château, arrondissement de Soissons (Aisne).

Saint-Victor d'Épine ; canton de Brionne, arrondissement de Bernay (Eure).

Saint-Ybars ; canton de le Fossat, arrondissement de Pamiers (Ariège).

Saulxures-lès-Nancy ; canton et arrondissement de Saulxures-lès-Nancy.

Sommièvre ; aujourd'hui Somme-Yèvre, canton de Dommartin-sur-Yèvre, arrondissement de Sainte-Menehould.

Sompuis ; chef-lieu de canton, arrondissement de Vitry-le-François.

Soncelles ; (Maine-et-Loire).

Songy ; canton et arrondissement de Vitry-le-François (Marne).

Le Sorton ; fief dépendant de Bignicourt-sur-Saulx, canton de Thiéblemont-Farémont, arrondissement de Vitry-le-François.

Souain ; canton de Ville-sur-Tourbe, arrondissement de Sainte-Menehould (Marne).

Soulaines ; chef-lieu de canton, arrondissement de Bar-sur-Aube (Aube).

Soulanges ; canton et arrondissement de Vitry-le-François.

Thuisy ; canton de Verzy, arrondissement de Reims.

La Tourterelle ;

Toulongeon ;

La Tour de Longeville ; dépendance ancienne de Longeville, canton de Montier-en-Der, arrondissement de Wassy (Haute-Marne).

Tournizet ; fief qui relevait de Sommesous dans la commune de Rheims-la-Brulée, canton de Thiéblemont-Farémont, arrondissement de Vitry.

La Vallée ; canton de Pierrefitte, arrondissement de Commercy (Meuse).

Varimont ; canton de Dommartin-sur-Yèvre, arrondissement de Sainte-Menehould.

Vaudrémont ; canton de Juzennecourt, arrondissement de Chaumont (Haute-Marne).

Verneuil-sur-Marne ; canton de Dormans, arrondissement d'Epernay.

Vidampierre ;

Vieux-Dampierre ; aujourd'hui Vieil-Dampierre ;

Ville-en-Tardenois ; chef-lieu de canton, arrondissement de Reims.

Ville-sur-Terre ; canton de Soulaines, arrondissement de Bar-sur-Aube (Aube).

Ville-sur-Saulx ; canton d'Anarville, arrondissement de Bar-le-Duc (Meuse).

Villers-sur-Marne ; canton et arrondissement de Vitry-le-François.

9

Villers-aux-Bois ; canton d'Avize, arrondissement d'Epernay.
Villiers-aux-Bois ; canton et arrondissement de Wassy-sur-Blaise (Haute-Marne).
Vitry-la-Ville ; canton d'Écury-sur-Coole, arrondissement de Vitry-le-François.
Vitri puis Vitry-le-François ; chef-lieu d'arrondissement du département de la Marne.
Vonc, aujourd'hui Voncq ; canton d'Attigny, arrondissement de Vouziers (Ardennes).
Vrizy ; canton et arrondissement de Vouziers.

(Vaverai ; art. Frignicourt, p. 95).

Canal. — Le fief du Canal château seigneurial consiste en : un château environné de fossés, jardin et petit canal, deux étangs, 81 journels de terres, 80 fauchées de prés et 50 journels de saulsois taxés 1800 livres.

Morambert. — Les fiefs de Itainville et de Morambert assis à Haute-Ville et Blaisses sous Hautte-Ville, étaient mouvans du Roy à cause de son château de Saint-Dizier. (Vaverai : p. 226).

(Vaverai : art. Aunay-Laître et le Châtel ; p. 20).

Coulmier et Mutigny. — Coulmier et Mutigny étaient des dépendances de Aunay-Laître et le Châtel.

BIBLIOTHÈQUE NATIONALE BN IMPRIMÉS

LAON. — Imprimerie du *Journal de l'Aisne*, 22, rue Sérurier.